Heinrich Alfred Barb

Persisch-deutsches Glossar zum Transcriptions-Lesebuch der persischen Sprache

Heinrich Alfred Barb

Persisch-deutsches Glossar zum Transcriptions-Lesebuch der persischen Sprache

ISBN/EAN: 9783744630429

Hergestellt in Europa, USA, Kanada, Australien, Japan

Cover: Foto ©ninafisch / pixelio.de

Weitere Bücher finden Sie auf **www.hansebooks.com**

PERSISCH-DEUTSCHES
GLOSSAR

ZUM

TRANSCRIPTIONS-LESEBUCH

DER

PERSISCHEN SPRACHE

VON

H. A. BARB,

WEILAND K. K. HOFRATH UND DIRECTOR DER K. UND K. ORIENTALISCHEN AKADEMIE
IN WIEN ETC.

———◦—▶✳◀—◦———

WIEN.

DRUCK UND VERLAG DER KAIS. KÖN. HOF- UND STAATSDRUCKEREI.

1886.

Reihenfolge der Buchstaben.

a	r	p	u
æ	h	q	s
'	h̷	r	v
ɟ	i	s	w
b	j	2	x̷
c	k	ſ	y
c̵	l	z	z
d	m	ʒ	3
f	n	t	ſ
g	ñ	τ	ʒ̃

a

a(j): *amǽd* kommen.
ab Wasser, Glanz.
abád blühend, wohlerhalten, bewohnt; Wohnort.
abadaní bewohntes Land oder Stadt; Anbau; blühender Zustand.
ab-æmbár Wasserkammer.
abdár glänzend.
abginǽ Glas, Krystall.
abí Quitte.
abkǽz wassertragend.
abrú Glanz, Ehre.
ábs hæwá Wasser und Luft = Klima.
abylǽ Pocke, Blatter.
abystán, abystǽn schwanger, trächtig.
adáb Plur. v. *ædǽb* Sitte, Anstand, Anstandsregel.
adǽm Adam, Mensch.
adæmi und *adæmizád* (Adamgeborner) Menschenkind.
afærín Lob, Beifall.
afærín: *afærid* erschaffen.
aftáb Sonne, Tageslicht.
agáh kundig, wissend.
agahí Kunde, Kenntniss.
agǽn: *agǽnd* füllen, stopfen.
apáz Anfang, Beginn.
ah ach! Seufzer.
aháng Absicht, Vorhaben, Bestrebung.
ahú(j) Gazelle, Hirsch.
ahsstǽ leise, langsam.
ahsstægí Langsamkeit.
ajín Brauch, Sitte, Regel.
ajiná Spiegel; Art, Weise.

1*

akǽft (agǽft) Leid.
alá(j): alúd besudeln, beflecken.
ályhy (ar. Gen.) sein Geschlecht, seine Familie.
amadǽ bereit, fertig.
amædǽn v. √a (j) kommen.
amǽds ɩsd Kommen und Gehen, Ein- und Ausgehen.
amiχtǽn v. √ amiź } mengen, mischen.
amiz: amiχt
amizgár zugänglich, leutselig.
amuχtǽn v. √ amúz } lehren, lernen.
amúz: amúχt
an jener, jene, jenes; es; ány (m. Yzaf.) gehörig: ány ts dein.
anχá dort, da, daselbst.
angáh u. angǽh sodann.
ar: awǽrd und awśrd v. √ awǽr bringen.

ar: arǽst können, vermögen.
ará(j): arást schmücken, zieren.
arám Ruhe.
arám: aramɩd ruhen, ausruhen, sich beruhigen.
aramgáh Ruheplatz.
aramidǽn v. √ arám.
arastǽn v. √ ará(j).
ári ja, wohl, freilich.
arzú Wunsch, Begehr.
arzumǽnd sich sehnend, wünschend.
asá(j): asúd ruhig sein, sich der Ruhe erfreuen.
asán leicht.
asani Leichtigkeit, Bequemlichkeit, gute Zeiten.
asmán Himmel.
astín Aermel.
asudǽ ruhig, beruhigt.
asudǽgí Ruhe, Rast, Muse.
asudǽn v. √ asá(j).

asyjá Mühle.
azár arab. Plur. von *azár* Spur, Eindruck, Einwirkung.
azykár klar, deutlich, offenbar.
azsftǽ verwirrt, betrübt.
azsftán v. √ *azúb*.
azúb Verwirrung.
azúb: *azsft* verwirren, beunruhigen, betrüben.
azyná bekannt, vertraut.
azynají Bekanntschaft, Vertrautheit.
atǽz Feuer; -*baz* mit Feuer spielend, feuerspeiend.
awáz Stimme, Laut.
awár: *awárd* und *awsŕd* bringen.
awsrdán v. √ *awár*.
awiχtán v. √ *awiz*.
awiz: *awiχt* hangen, aufhängen.
aχyr der, die, das Letzte, Aeusserste, Ende.

aχyrǽt das Jenseits, das zukünftige Leben.
aχýrs ·hæmr (arab.) Ende der Sache, schliesslich.
az Gier, Begierde, Habsucht.
azád frei, edel.
azár: *azśrd* kränken, beleidigen, verletzen.
azmá(j): *azmúd*, erproben, versuchen.
azmudǽ erprobt, erfahren.
azmudán v. √ *azmá(j)*.
azsrdán v. √ *azár*.

æ

æjazjm (arab.) Plur. des Comp. *æjzǽm* von *jazím* erhaben, gross.
æjǽmm allgemein.
æjzǽm Nichtaraber, Barbar, Perser, persisch.
æjdú ar. Pl. v. *jædú* Feind.

æjján arab. Plur. von jæjn Auge: die Vornehmen.
æjmál arab. Plur. v. jæmǽl Handlung, Dienst, Amt.
æjqál arab. Comp. von jaqýjl klug, verständig.
æjráb ar. coll. die Araber; ajrabí ein Araber.
æjráf arab. Comp. von jarýf wissend, weise.
æjsá arab. Plur. v. jsʒw Glied.
æjʒám arab. Comp. von jaʒím erhaben, gross.
æbád Ewigkeit, ewig; -msddát ewiger Zeit, ewig dauernd.
æbját arab. Plur. v. bajt Haus; Doppelvers.
æbláh thöricht, albern.
æbná arab. Plur. v. ybn Sohn.
æbr Wolke; Schwamm.
æbrú die Braue.

æbú Vater; -sæjíd (Vater des Glückseligen) arab. Eigenname.
æbu 'lqasým (Vater des Vertheilers) Eigenname.
æʒál Termin, Tod.
æʒdád arab. Pl. v. ʒædd Grossvater, Ahn.
æʒwybǽ arab. Plur. von ʒæwáb Antwort.
æʒʒá arab. Plur. v. ʒszı Stück, Theil, Bestandtheil.
ædá Zahlung, Leistung.
ædámæ arab. Verbum: möge währen lassen, möge erhalten.
ædáb Sitte, Anstand; Züchtigung, Strafe.
ædæwát arab. Plur. von ædát Werkzeug.
ædwár arab. Plur. von dærr Kreis, Kreislauf.
æfjál arab. Plur. von fyjl Handlung, That.

afkán: afkánd werfen, umwerfen.
afrasyjáb Eigenname.
afraztán v. V *afráz.*
afráz: afráxt u. *afrázt* erheben.
afruxtán v. V *afrúz.*
afrúz: afrúxt anzünden, erhellen, erleuchten.
afsaná Mähr, Mährchen.
afsanægú Mährchenerzähler.
afzán: afzánd ausstreuen, ausschütten.
afzandán v. V *afzán.*
afwáh arab. Plur. von *fuh,* auch *fsmm* und *fæm* Mund.
afzá(j): afzúd mehren, vermehren.
afzudán v. V *afzá(j).*
afzún vermehrt.
afzál arab. Comp. von *fazýl* tugendhaft, vorzüglich, trefflich, gelehrt.

agár wenn; -*zy* wenn auch, obgleich.
aγláb arab. Comp. von *γalýb* überwiegend, der, die, das Meiste.
æhali arab. Plur. von *æhl* Familie, Bevölkerung.
æhámm wichtig, bedeutungsvoll, dringend.
æhl Hausgenossen, Volk, Leute; Gefährte, Angehöriger; würdig, tauglich.
æhább arab. Comp. von *hæbíb* lieb, freundlich.
æhmád (ich lobe, preise) Eigenname.
æhmáq thöricht, albern, unwissend.
æhrár arab. Plur. von *hsrr* frei; innerer Raum des Hauses.
æhsánt(æ) (ar.) du hast gut gemacht, bravo!
æhwál arab. Plur. von *hal* Zustand, Lage, Fall.

ahybbá arab. Plur. von *hæbíb* Freund.
æj o! ach!
ajjám ar. Pl. v. *jævm* Tag.
æjjsha arab. Ausrufungspartikel: o!
ajmán sicher, sich sicher fühlend.
æjwán Palast, Hof, Dom.
ájsañ arab. Adv. gleichfalls, auch.
akabýr Plur. des arab. Comp. *akbár* von *kæbír* gross: die Grossen.
akbár arab. Comp. von *kæhír* gross.
aknáf arab. Plur. v. *kænǽf* Rand, Seite, Umgegend.
aknún nun, jetzt.
akzár Comp. von *kæzír* viel, zahlreich; meist.
albattá gewiss, durchaus, sicherlich.
allá́h Gott.
almýnnæts lyĬláh arab. Phrase: Dank sei Gott!

ælwán arab. Plur. von *lævn* Farbe; als Adjectiv: farbig, bunt.
æmán Sicherheit, Schutz, Gnade, Vergebung.
æmál Hoffnung.
æmbán Sack, Zecker.
æmbár Speicher, Scheune, Vorrathskammer.
æmbáz Genosse, Gefährte, Theilhaber.
æmbúh dicht; Menge.
æmín treu, verlässlich.
æmir Gebieter, Fürst, General.
æmirs·lmsɪmynín (arab.) Beherrscher der Gläubigen.
ænɪláh arab. Comp. von *mælíh* lieblich, reizend.
ámma aber, doch.
æmn Ruhe, Sicherheit.
æmr Plur. *smúr* Sache, Angelegenheit; Plur. *æwamýr* Befehl.

æmzál arab. Plur. von myzl gleich u. mazál Gleichniss, Spruch.

æmwál arab. Plur. v. mal Gut, Habe, Vermögen, Waare.

ænbán, ænbár, ænbáz ænbúh s. æmbán u. s. w.

ænjámar.Pl.v.næjámVieh.

ænɀám: ænɀamíd auslaufen, endigen.

ænɀsmán Versammlung, Gesellschaft.

ændám Leib, Glieder.

ændaχtán v. √ ændáz.

ændáz: ændáχt werfen, schleudern, schiessen.

ændák wenig.

ændár in, innerhalb.

ændar-áj: -amád eintreten.

ændærún in, innerhalb, das Innere, Gemüth, Frauengemach.

ændíz: ændizíd denken, sinnen, sorgen.

ændizá Gedanke, Sorge.

ændizænák sorgenerfüllt.

ændizidán v. √ ændíz.

ændúh Sorge, Kummer.

ængiχtán v. √ ængíz.

ængíz: ængíχt anstiften, anregen.

ængúr Weintraube.

ængsbín Honigmeth.

ængszt Finger.

ængsztæri Ring.

ánnæhs arab. Phrase: dass er (es).

ænuzirwán Eigenname.

ænwáj arab. Plur. von næv Art, Weise, Gattung.

ænwár arab. Comp. von næjjýr leuchtend.

aqalím arab. Plur. von yqlím Region, Welttheil, Provinz.

æqáll arab. Comp. v. qælíl wenig, gering.

æqællán arab. Adv. wenigstens, mindestens.

æqrún ar. Pl. v. qyrn (Alters-, Zeit-) Genosse.
æqrybá arab. Plur. von qærib nahe, verwandt.
æqfá arab. Comp. v. qafi fern, entlegen; der, die, das Äusserste.
æqfú 'lрajá arab. Phrase: das Äusserste des Ausserordentlichen.
æqwál arab. Plur. von qævl: Aussage, Angabe, Ausspruch.
æqzú arab. Comp. v. qazi der oberste Richter.
ær (ægár) wenn.
arazí arab. Plur. v. ærz Land, Gegend.
arbáb arab. Plur. v. ræbb Herren, Leute.
ærχásb Eigenname.
arχsmánd werth, edel, vortrefflich.
ærkán arab. Plur. von rskn Pfeiler, Stütze.
ærsálna arab. Verb.: wir haben geschickt.
ærysτú Aristoteles.
arz: ærzíd werth sein.
ærzán billig, wohlfeil; -i Billigkeit, Wohlfeilheit; würdig; -í daztán geruhen.
ærzáq arab. Plur. von ryzq Unterhalt, Spende, Antheil, tägliches Brod.
ærzidán v. √ ærz.
asami arab. Plur. v. ysm Namen.
asás Grundlage, Fundament.
æsbáb arab. Plur. v. sæbáb Grund, Mittel, Ursache; -y fyráј Mittel des gemächlichen Lebens; -y mæjáz Unterhaltsmittel.
æsír Gefangener.
æsp (æsb) Pferd.

æɹǽr Spur, Eindruck, Einfluss.
æɹná Zwischenzeit.
afaɾýr arab. Plur. des Comp. aſɟár v. faɾír klein: die Kleinen.
æfǽmm taub; Eigenname.
aſɟár arab. Comp. von faɾír klein.
æſɦáb arab. Plur. v. faɦýb Herr, Freund, Genosse.
aſl Wurzel, Wesen, echt.
æɹɟár arab. Plur. v. zyɟr Vers, Gedicht, Poesie.
æɹjá arab. Plur. von zæjı Ding, Sache.
æzrǽf arab. Comp. von zærif edel.
æzχáf arab. Plur. v. zaχf Individuum, Person.
æʒdæhá Drache, Ungeheuer.
aτfál arab. Plur. v. τyfl kleines Kind.
æτláːs Berg Atlas.

æτráf arab. Plur. v. τæráf Seite, Gegend.
ævlá arab. Comp. v. walı entsprechender, vorzüglicher, besser.
ævqát arab. Plur. von wæql Zeit.
ævrǽng Thron.
ævrupá Europa.
ævtán arab. Plur. von wætán Heimat.
æwajýl arab. Plur. von æwwǽl die Ersten, Vordersten, Anfang.
æwán = an Augenblick, Zeit.
æwwǽl d., d., d. Erste, Anfang.
æχ arab. Bruder; -i mit Pronominal - Suffix: mein Bruder.
æχbár arab. Plur. v. χæbár Nachricht.
æχtár Gestirn.
æχʒ Annahme, Empfangnahme, Wegnahme.

æymmǽ ar. Pl. v ymúm Geistlicher (s. d.).

æz von, aus, (grösser) als.

æzá (yzá) das Gegenüber, Lage, Massgabe.

æzmynǽ arab. Plur. von zæmán Zeit.

æӡyjjǽt Leid, Kränkung.

ı

jaӷýz ohnmächtig, unvermögend.

jadǽt Gewohnheit, Sitte, Brauch.

jadýl gerecht.

jæfyjǽt Wohlbefinden, Gesundheit.

julǽm Welt.

jalí hoch, erhaben.

jalíӷáh hochgestellt.

jalým weise, gelehrt.

jamm allgemein; Volk.

jammí zum Volke gehörig, Mann aus dem Volke.

jamýl werkthätig, Beamter, Agent.

jamýr fem. jamyrǽ gut bestellt, wohl erhalten.

jaqybǽt Ende, Schluss, schliesslich.

jaqýl klug, verständig.

jarí nackt, baar, ledig.

jaryjǽt Anlehen, entlehnt.

jarýӡ Wange, Gesicht.

jaryӡí äusserlich, zufällig.

jazýq liebend.

jaӷýl baar, ledig, leer, eitel, unbeschäftigt.

jæbbás Eigenname.

jæbbasí Abasside.

jábds ljæzíz Eigenname (Diener des Allmächtigen); -îræhmán (Diener des Barmherzigen); -îrazíd (Diener dessen der auf den rechten Weg leitet).

jæӷǽb Wunder, wunderbar, merkwürdig.

jæӷǽm Nichtaraber, Perser; und -í persisch.

jæɤz Ohnmacht, Machtlosigkeit, Unvermögen.
jædalǽt Gerechtigkeit.
jædawǽt Feindschaft.
jædǽd Zahl.
jædǽm Nichts, Nichtsein.
jædl Gerechtigkeit.
jædú Feind.
jædśwwæ 'lláh arabische Phrase: o Feind Gottes!
jæfv Vergebung, Amnestie.
jæhd Zeit, Epoche, Vertrag, Übereinkommen.
jæjb Schande, Makel, Eintrag, Fehler.
jæjn Auge, Quelle; húry jæjn schwarzäugige (Paradiesesjungfrauen).
jæjz Leben, Lebensgenuss, Lust, Auskommen.
jæks Gegentheil, Widerschein, Spiegelbild.
jǽlä arab. über, auf.
jælǽf junges Futter.

jælǽjhy 'lsælám arab. Phrase: über ihn (sei) der Friede.
jælǽm Zeichen, Banner.
jælí Eigenname (der Erhabene).
jæliqǽ Eigenname (Beziehung, Anhänglichkeit).
jælíl leidend, Kranker.
jælyjjǽ arab. fem. Form v. jælí = jælýjj hoch, erhaben.
jæmǽl Handlung, That, Praxis, Amt.
jæmbǽr (jænbǽr) Ambra.
jænú Sorge, Kummer.
jæqáb Ferse; hinterher.
jæqím unfruchtbar.
jæql Verstand, Klugheit.
jærǽb Araber, arabisch.
jærabǽ u. jæræbǽ Wagen, Fuhrwerk.
jæræbystán Arabien.
jærǽɤ Schweiss.
jærís breit.

ɟærſǽ Fläche, Boden.
ɟærʒ Breite, Unterbreitung, Vortrag, Bitte.
ɟærʒædázt Adresse, Bittschrift.
ɟæsakǽr (kýr) arab. Plur. von ɟæskǽr Heer, Armee: Soldaten.
ɟæʒædí Eigenname.
ɟæskǽr Truppe, Soldat.
ɟaſír ausgepresst, Most.
ɟæſr Nachmittag.
ɟætá Gabe, Geschenk.
ɟætyjjǽ Gabe, Gnade, Wohlthat.
ɟævrǽt Weib.
ɟæwás Aequivalent, Austausch, anstatt.
ɟæzimǽt Vorhaben, Bestreben, Reise.
ɟæzíz theuer, einzig, unvergleichlich; mächtig.
ɟæzl Entlassung, Absetzung.
ɟæzm Vorhaben, Bestreben, Entschluss.

ɟázzæ arab. Verbum: er ist mächtig (Gott).
ɟæʒáb Pein, Strafe.
ɟæʒím erhaben, gross, bedeutend, trefflich.
ɟæʒimǽt grosses Ereigniss, Unglück.
ɟisá Jesus.
ɟud Laute; Aloe.
ɟsbhád arab. Plur. v. ɟabýd DienerGottes, Fromme.
ɟsdwán Feindseligkeit.
ɟshɟlǽ Pflichterfüllung, Obliegenheit.
ɟsjúb ar. Pl. v. ɟæjb Fehler, Schwäche, Schande.
ɟslæmú arab. Plur. von ɟalým (ɟælím) gelehrt, weise, Priester, Schriftgelehrter.
ɟshúm arab. Plur. von ɟylm Wissenschaften.
ɟsmǽr Eigenname: Omar.
ɟsmr Leben, Alter.
ɟsmúm allgemein; -æn im Allgemeinen.

ɉsnqá (ɉæn.) Phönix, Greif.
ɉsnʃsrí Eigenname.
ɉsqáb Adler, Geier.
ɉsqælá arab. Plur. v. ɉaqýl klug, verständig.
ɉsqbá́ die andere Welt, das Jenseits.
ɉsqubǽt Strafe.
ɉsræfá arab. Plur. von ɉarýf (ɉæríf) Weiser.
ɉsɜr Entschuldigung.
ɉsɜrá Eigenname.
ɉszlǽt Zurückgezogenheit; Absetzung; -kæzidá́ die Absetzung erduldet habend.
ɉsɜmǽt(ɉaɜæmǽt)Hoheit.
ɉybád arab. Plur. v. ɉæbd Diener (Gottes).
ɉybudǽt Andacht, Verehrung.
ɉybarǽt Erklärung, Ausdruck, Phrase.
ɉybrǽt warnendes Beispiel.

ɉyffǽt Keuschheit, Enthaltsamkeit, Unbestechlichkeit.
ɉyfríǘ Dämon.
ɉyjadǽt (Kranken-) Besuch.
ɉyjál Familie.
ɉyjáɜ Bewahrung; -æñ by ·îláh Gott bewahre!
ɉyláɜ ärztliche Behandlung, Kur, Heilung, Heilmittel.
ɉyllǽt Grund, Ursache, Vorwand; Krankheit.
ɉylm Wissenschaft, Kenntniss, Gelehrsamkeit.
ɉymarǽt (ɉæm.) Bau, Cultur.
ɉynajǽt Fürsorge, Gnade.
ɉynán Zügel.
ɉyqáb Strafe.
ɉyfján Aufregung, Empörung.
ɉyɜɋ Liebe, Brunst.
ɉytáb Rüge, Strafe.
ɉyτr Wohlgeruch, Parfum.

jyzz und *jyzzát* Macht, Ruhm, Ansehen, Hoheit, Ehre, Gunst.

b

ba mit.
bajýz verursachend, bewirkend, Motiv, Grund.
bab Thüre, Kapitel, Angelegenheit, Gegenstand.
bad Wind.
badá Wein.
badyjá Feld, Wüste.
baf: baft weben.
bay Garten; -*bán* Gärtner.
ba(j): bajýst obliegen, Noth thun.
bajystán v. √ *ba(j)*.
bak Furcht.
bal Flügel; arab. Sinn, Herz, Gemüth.
balú oben, Höhe; *baladǽst* obenan (oberhand); -*púz* Oberkleid.

balín Kissen.
bam Terasse, Dach; -*bæbám* von Dach zu Dach.
bamdád u. -*án* Morgenzeit, zeitlich, früh.
ban Fürst, Herr; Wächter.
bang Ruf, Schrei.
banú Dame.
baqí Rest.
bar Last, Frucht, Mal (ein, zwei); Empfang, Einlass; -*dúr* lusttragend.
barán Regen.
bargáh Audienzsaal, Hof.
barí Schöpfer.
barík dünn, fein, zart.
baz: bud v. √ *bu* sein.
batýl eitel, falsch.
bawár Glaube, glaublich.
baz Falke.
baz offen, wieder, zurück; -*dyh: dad* wiedergeben; -*gærd: gærdíd* und *gæzt* zurückkehren; -*gszár* zurück-

lassen; -*ksn*: *kard*
öffnen.
bazár Markt.
bazærgán und *bazyrgán* Kaufmann.
bazi Spiel.
bazigǽr Tänzer, Tänzerin.
bazú Arm.
bæ mit, durch, zu, nach.
bæjd nach; -*æz* nach (in der Zeit).
bæjd weit, entfernt.
bájzi einige, ein Theil.
bæbr, *babǽr* Leopard, Tiger.
baz(z)á Kind, Junges.
bæ-ʒśz mit Ausnahme, ausser.
bæd schlecht, böse; -*ændíz* übelgesinnt; -*fyjali* schlechtes Treiben; -*gú(j)* übelredend; -*kár* übelhandelnd; -*mæzǽ* übelschmekkend; -*ræftari* übles Betragen; -*zæjm* übel-

schmeckend; -*χyfali* böse Anlagen.
bædán Körper.
bæ-dár kardán ablegen (Kleider).
bædæwi Beduine.
bædi Bosheit, Schlechtigkeit.
bædij originell, wunderbar, schön.
badin = *bæ in* mit, durch, zu, in diesem; diesem.
bædr Vollmond.
bædú = *bæ ú* (zu) ihm.
bæjál Armgrube, Achsel.
bæhá Preis, Werth.
bæhajým arab. Plur. von
bæhimá Thier, Vieh.
bæhár Frühling.
bæharystán Frühlingsgarten.
bæhám (ba-hám) zusammen, zu einander.
bæhlúl Eigenname.
bæhr Loos; und *æz h.* wegen, halber, um willen.

2

bæhrǽ Antheil, Loos, Nutzen, Vortheil.

bæhræmǽnd } Antheil habend, nutzniessend.
bæhræwǽr }

bæhǽqq (arab. *by ꞌlḥ*.) mit Recht, legitim.

bæhr Meer.

bæḥz Untersuchung, Prüfung, Disput, Einrede.

bæján Erwähnung, Auseinandersetzung.

bæjt Haus, Doppelvers (Distichon).

bæjtǘr Thierarzt.

bælǘ Unglück, Unheil.

bælaɣǽt Beredtsamkeit.

bælǽd Land; -*s ꞌlȝærid* das Dattelland (Landschaft im Süden vom Atlasgebirge).

bælǽnd s. *bslǽnd*.

bældǽ Stadt, Landschaft.

bǽli ja, wohl.

bælíɣ ausgiebig, gewaltig; beredt.

bǽlky, vielmehr, sogar.

bæn für *ybn* Sohn.

bænd: *bæst* schliessen, binden, verhüllen.

bændǽ Diener, Sklave.

bændægí Dienst.

bæní u. *bænú* arab. Plurale v. *ybn* Sohn, beide mit der Bedeutung: Kinder, Geschlecht.

bæqǘ Dauer, Bestand.

bæqíɣ Eigenname.

bæqyjjǽ Rest.

bær auf, über, vor:
-*awǽr*: *awǽrd*, *awśrd* aufheben, erheben;
-*ængíz*: -*ængíɣt* anstiften, anregen, hetzen;
-*dar*: *dazt* aufheben;
-*gærd*: *gærdíd*: *gazt* umkehren; -*gsmǽr*:
-*gsmǽzt* bestellen, anstellen; -*hæm* übereinander; -*ɣiz*: *ɣast* aufstehen, sich erheben.

bær Frucht, Leib, Brust.

bær: bsrd tragen, bringen.
bærabǽr gegenüberstehend, gleich auf gleich.
bærǻj halber, um willen, wegen.
barǻt Anweisung.
bærf Schnee.
bærg Blatt, Laub, Unterhalt, Reisegeld.
bærǣhnǽ entblösst, bloss.
bærr Festland, Land.
bærrǻq leuchtend, funkelnd, blitzend.
bærri̓ ländlich, wild.
bæs genug, hinlänglich.
bǻsa genug!
bæstǻn v. √ *bænd*.
bæzǻr coll. Mensch.
bæzlimǘs Ptolomäus.
bæττǻl beschäftigungslos, berufslos, müssig.
bæχi̓l geizig.
bæχl s. *bsχl*.
bæχz: bæχzid schenken, vergeben.

bæχzǘ(j): bæχzǘd vergeben, schenken.
baχzidǻn v. √ *bæχz*.
bæχt Glück.
bæzl Freigebigkeit, Aufwand.
bæzm Gastmahl, Gelage.
bi ohne; *-azǻr* unschädlich, harmlos: *-i̓* Unschädlichkeit, Harmlosigkeit; *-bærgi̓* Nahrungsmangel; *-zarǽ* ohne Hilfe, hilflos, arm; *-χǻ* ohne Grund, unbegründet; *-dǻr* wach: *-i̓* Wachsein; *-gsnǻh* sündenlos, unschuldig; *-hæmtǻ* ohne Gleichen, sonder Gleichen; *-hysǻb* unzählig; haltlos, ungerechtfertigt; *-msntahǻ* unendlich; *-næwǻ* mittellos, arm: *-næwaji̓* Mittellosigkeit, Armuth; *-qarǻr* ruhelos; *-rǣhm* grau-

sam, erbarmungslos; -*zsmár* ohne Zahl, unzählig; -*χœjr* ohne gute Werke; -*wafá* ohne Treue, treulos: -*ji* Treulosigkeit, Untreue.
bid Weide (Baum).
bim Furcht, Schrecken.
bimár krank.
bin: *did* sehen.
biní Nase.
birún aussen, ausserhalb.
bist zwanzig.
biz zu viel, mehr.
bizá Wald.
biχ Wurzel.
biχtán v. √ *biz*.
biwá, *biwa-zán* Witwe.
biz: *biχt* durchsieben.
bu: *bud* sein.
bu(j) Duft.
bu(j): *bujíd* duften.
budán v. √ *bu*.
bujá duftend.
bum Land, Gebiet, Gefilde.

burśn (türk.) Nase; fig. f. Vorgebirge; *smid-burśn* Vorgebirge der guten Hoffnung.
bustán s. *bsstán*.
byır Brunnen.
bslánd hoch; -*qœdd* von hohem Wuchs.
bslúɩ Volljährigkeit, Jugendreife.
bsn Wurzel, unteres Ende, Grund; Stamm, Stock.
bsnjád Fundament.
bsqáɩ s. *byqáɩ*.
bsqráτ Hippokrates.
bsr(r): *bsrrid* schneiden, abhauen.
bsrχ Thurm, Haus im Thierkreis, Sternbild.
bsrdán v. √ *bar*.
bsrridán v. √ *bsr(r)*.
bsrúχ arab. Plur. von *bsrχ*.
bsrudát Kälte.
bsstán Fruchtgarten.
bst Götze, Idol.

bsχár Rauch, Dunst.
bsχará Stadt Buchara im Chanate Chiwa.
bsχl Geiz.
bsz Ziege.
bszγalǽ Zicklein.
bszśrg gross; *-warí* Grösse; *-zadǽ* hochgeboren.
bszsrχmýhr Minister des Königs Nuschirwan.
byánnœ arab. Phrase: damit (dadurch) dass.
bydihǽ (bœd.) Improvisation; *by ·lbœd.* aus dem Stegreif.
byh gut, besser, best; Quitte.
byhýzt Paradies.
byjabán (biabán) Wüste.
bylád arab. Plur. v. *bœlǽd* Länder, Städte.
by ·lχsmlǽ arab.: (in der Gesammtheit) kurz.
by ·lfýjl arab.: in der That, in Wirklichkeit.

by ·lláh arab. Phrase: bei, durch Gott.
by ·lláhy ·lœvfíq arab. Phrase: bei Gott ist der Beistand, das Passendmachen (mit Hilfe Gottes).
byná Bau, Grundlage.
býngœr statt: *býnygœr* sieh!
byqáj arab. Pl. v. *bsqjǽ* (heilige) Fluren.
byradár Bruder.
byrján geröstet.
byrýnχ Reis.
byrká Teich, Bassin.
bysjár viel.
bystár Bett, Lager.

τ

τabśk (τapýk) schnell, flink, hurtig.
τah Brunnen, Grube.
τak Riss, Spalt.
τap Steindruck, Druck.
τar (τœhár) vier.

τará Hilfe, Auskunftsmittel.
τazní Geschmack, Probe.
τæhár vier; -pá(j) Vierfüssler; -śm d., d., d. Vierte.
τæhrá s. τyhrá.
τæmán Wiese, Au.
τænd wie viel, einige.
τændán so sehr, so viel, so gross.
τændín so viel.
τæng Faust, Kralle, Hand.
τængál Gabel, Kralle.
τæp links.
τará Weide.
τarχ Rad, Maschine, Himmelsgewölbe.
τæsp: τæspíd anhaften, sich anhalten, passen.
τazán: id Speise kosten machen (lassen).
τæz: τæzíd Speise kosten, schmecken, proben.
τazm Auge.
τazmá Quelle.

τidán v. V τin.
τin Falte, Runzel; China; -í chinesisch.
τin: τid ernten, lesen, sammeln.
τirá verwegen, kühn.
τist = τy æst was ist?
τiz Sache, Ding.
τub Holz, Stock.
τubán Hirte.
τun (τsn) wann, wie, als, da; wie? -ky sobald als.
τsn wie, als, da; -án so, solcher, -e, -es, -ánτy so dass; -ín so, solcher, -e, -es.
τsst eilig, rasch, flink, hurtig.
τy was? was für ein? -guná wie? wie geartet?
τyhrá Gesicht, Antlitz.
τyhýl vierzig.
τýra, τyrá warum? wesshalb?
τyráj Lampe, Leuchte.

ɣ

ɣa(j) Ort, Stelle.
ɣadú(j) Zauberer.
ɣah Amt, Würde, Ansehen, Macht.
ɣahýl unwissend (jugendlich), thöricht.
ɣajgáh Ort, Stelle.
ɣam Glas, Becher.
ɣamǽ Kleid; -báf Kleiderwirker, -weber.
ɣamí vom Orte Dscham gebürtig (Beiname des berühmten Dichters).
ɣamíz Büffel.
ɣamýj Moschee (Pfarrmoschee).
ɣan Seele, Leben.
ɣanýb Seite, Richtung.
ɣanwár beseelt, lebend, Geschöpf, Thier.
ɣarí fliessend.
ɣawid (ɣawýd) ewig.
ɣæbr Gewaltthat; Heilung.
ɣædd Grossvater, Ahn.

ɣadíd neu, modern.
ɣædj Böcklein.
ɣæfá Härte, Leid, Qual.
ɣæh : ɣæst springen.
ɣæhd Mühe, Fleiss.
ɣæhúd Jude.
ɣæjb Tasche, Falte, Busen im Kleide.
ɣæjḧún Fluss Oxus.
ɣæjz Heer.
ɣælál Glanz, Majestät.
ɣælís Gesellschafter.
ɣæll } arab. Verbum:
ɣǽllæ } herrlich ist er.
ɣǽllæ ajkrshs herrlich ist sein Name.
ɣamj Sammlung, Ansammlung, Menge, Ganzes.
ɣamaját Schaar, Versammlung, Leute.
ɣæmál Schönheit, Anmuth.
ɣæmyjját Versammlung. Gesellschaft; Geistessammlung.

ɣæmij sämmtlich, all.
ɣænáb Seite, Stelle, Stellung: Seiner Gnaden, Seiner Majestät.
ɣæng Kampf, Krieg.
ɣængál Wald, Dickicht.
ɣænnát Paradies.
ɣænúb Süden; -í südlich.
ɣæraḥát (ɣyr.) ar. Pl. v. ɣaraḥá (t) Wunde.
ɣáræm — la ɣáræm sicherlich, daher, folglich.
ɣarás Glocke, Klingel.
ɣæríi kühn, hurtig.
ɣærid Palme.
ɣarimá Vergehen, Verbrechen.
ɣæsarát Muth, Kühnheit.
ɣæstán von √ ɣah und ɣyh.
ɣæstsχíz Sprung und Erhebung.
ɣæzswit Jesuit.
ɣæv Gerste.

ɣavdát Güte, Fülle.
ɣavhár Edelstein, Juwel; -darú, aus: ɣavhár Essenz u. darú Arzenei: Arzeneiessenz.
ɣavr Druck, Tyrannei.
ɣavzán Panzer.
ɣawáb Antwort, Erwiderung.
ɣawahýr arab. Plur. v. ɣavhár.
ɣawán jung, Jüngling; -mærdí Jungmännlichkeit, Grossmuth, Freigebigkeit.
ɣazá verdiente Strafe.
ɣazb Anziehung.
ɣu(j): ɣsst suchen, forschen.
ɣu(j) Fluss, Strom.
ɣuz: ɣuzid sieden, kochen.
ɣuzidán v. √ ɣuz.
ɣsdá getrennt.
ɣsft Paar, Ehehälfte.
ɣsmjá Versammlungstag, Freitag.

ɀsmb: ɀsmbíd sich be-
wegen, sich rühren.
ɀsmbán: ɀsmbaníd be-
wegen.
ɀsmbanidán v. V ɀsmbán.
ɀsmbidán v. V ɀsmb.
ɀsmbýz Bewegung.
ɀsmhúr Allgemeinheit,
Publikum.
ɀsmlǽ Gesammtheit; by
·lɀsmlǽ insgesammt;
fy ·lɀsmlǽ kurz.
ɀsnb: ɀsnbíd u. s. w. s.
ɀsmb.
ɀsrıǽt Kühnheit, Drei-
stigkeit, Muth.
ɀsstsɀúj Aufsuchung.
ɀsz ausser, ausgenommen.
ɀszı Theil, Stück, Glied.
ɀydd Fleiss, Mühe, An-
strengung.
ɀygǽr Leber.
ɀyh: ɀæst springen.
ɀyhán Welt; -didǽ Welt-
gesehen, welterfahren;
-pænáh Weltzuflucht.

ɀyhandár Weltherrscher.
ɀyhǽt Seite, Richtung,
Grund, Ursache, Behuf.
ɀyld Band (eines Werkes).
ɀyns Gattung, Art; -yj-
jǽt Geartung, Natio-
nalität.
ɀysm Körper, Leib.
ɀysr Brücke, Damm.

d

dad Recht, Gerechtig-
keit, Gabe.
dadán geben; Imp. dyh.
dadgǽr Gerechtigkeits-
spender (Gott).
dujým beständig, dauernd.
dum Netz.
damán Saum.
dan: danýst wissen, ken-
nen, erkennen.
daná wissend, weise.
danǽ Körnlein, Beere,
Stück.
danystán v. V dan.

danýʐ Wissen, Weisheit.
danyzmǽnd weise, gelehrt; Gelehrter.
dar: dazt haben, halten, besitzen.
dar Holz, Pfahl, Galgen.
dar (arab.) Wohnhaus, Wohnsitz; *-s ·lmslk* arab. Phrase: Haus des Reichs; *-s ·îsæltænǽ* Hauptstadt; *-s ·îtybajǽ* Druckerei; *-s ·lχylafǽ* Haus des Chalifates, Residenz.
darǽ Darius.
darændǽ Besitzer, Erhalter (Gott).
darú Heilmittel, Arznei.
dastán Erzählung, Geschichte, Roman.
daztǽn v. √ *dar*.
dawǽr Richter (Gott).
dawúd David.
daχýl eingehend, gehörig.
daʃwǽ ⎫ Forderung, Klage, Prätension.
daʃwí ⎭

dæbíb das Summen.
dæbír Rath, Minister.
dæbystán Schule.
dafj Ausscheidung, Beseitigung, Abwehr.
dafjǽ Mal.
dafn Bestattung.
dæftǽr Buch, Liste, Verzeichniss, Register.
dah zehn.
dæhǽn ⎫ Mund.
dæhán ⎭
dæhr Zeit, Weltlauf.
dæhzát Schrecken.
dæjr Kloster.
dalalǽt Hinweisung.
dalíl Hinweis, Beweis.
dǽllæt arab. Verb.: wies darauf hin.
dalw Eimer.
dæm Hauch, Athem.
dæm: dæmíd hauchen, athmen, wehen.
dæmáγ (*dym.*) Gehirn, Nase, Schnauze.
dæmidǽn v. √ *dæm*.

dæmsáz Gesellschafter, Genosse, Freund.
dænarát Niedrigkeit.
dændún Zahn.
dæqiqá Kleinigkeit, Feinheit, Minute.
dæqiqí Eigenname.
dær Thür.
dær in.
dær-awǽr: dær-awśrd hereinbringen.
dæraӡá Grad, Stufe.
dærd Schmerz, Leid.
dærgáh Hof, hohe Pforte, Palast.
dær-gssǽr: dær-gssǽzt hinausgehen, abstehen, überragen, übertreffen.
dærjá Meer, See.
dærk Erreichen, Begreifen.
dærs Lection, Unterricht.
dærún innen, innerhalb.
dær-sft: dær-sftád verfallen, hereinbrechen.
dærwazá Thor.
dærwiź arm; Bettler, Derwisch.
dær-χvah: dær-χvast erflehen.
dærχcǽr passend, frommend, entsprechend.
dæst Hand, Vorderfuss.
dæstár Turban, Kopfbund.
dæstbśrd Bemächtigung, Obmacht; Leistung.
dæstdadán die Hand bieten; eintreffen; sich vereinen.
dæstdyrazí Handausstreckung, Vergewaltigung.
dæstgáh Werkstätte, Tribunal, Asyl, Uebermacht.
dæstgir helfend; Helfer.
dæzt Ebene, Einöde.
dæv: dæwíd laufen.
dævlát Macht, Herrschaft, Regierung.
dærr Kreis.

dæwá Arznei, Medicament.
dæwúbb arab. Plur. von
  dabbá Reptil, reissendes Thier; Lastthier.
dæwazdáh, dæwist s. *dsw.*
dæχl Eingang; Einkom-
  men; Bezug.
di gestern.
dibá (báh, báʒ) Gold-
  brocat.
didár Anblick, das Sehen.
didá Auge.
didǽn v. √ *bín.*
digár der, die, das An-
  dere; weiters, ferner,
  wiederum.
dihím Diadem.
dik Hahn, Henne.
din Glaube, Religion,
dinár Denar (Goldmünze).
dir spät, verzögert.
diw Dämon, böser Geist.
diwán Gedichtsammlung,
  Tribunal, Archiv.
diwár Wand, Mauer.
dud Rauch.

dun niedrig, schlecht,
  werthlos..
dur weit, entfernt; un-
  wahrscheinlich, ausser-
  ordentlich; *dúrs dyráz*
  weit und lang; *-bin*
  weitsehend, berech-
  nend.
dust Freund; lieb; *-i*
  Freundschaft.
dust daztán lieb haben,
  lieben.
duz Schulter.
duz: duzíd und *duχt* mel-
  ken.
duz: duχt nähen.
ds zwei.
dsjá Gebet, Segen: *bad-*
  Fluch, Verwünschung.
dsjjsm d., d., das zweite.
dskkán Laden.
dsm Schwanz, Schweif.
dsmbál Schwanz; Ge-
  schwulst; Steuerruder.
dsnjá Welt.
dsrd Satz, Hefe.

dsrr Perle.
dsrúd Lob, Preis; Gruss.
dsrúy Lüge, falsch.
dsruyzán Lügner.
dsrsst echt, wahr.
dsrszt hart, rauh; *-i* Härte.
dssalá zweijährig.
dszmán Feind, feindlich; *-i* Feindschaft.
dszwár schwierig; *-i* Schwierigkeit, Beschwerde.
dswazdáh zwölf.
dswist zweihundert.
dsχtár Tochter, Mädchen.
dszd Dieb.
dszd: dszdíd stehlen.
dyh gib!
dyh: dad geben, spenden.
dyjanát Frömmigkeit.
dyjár Landschaft, Provinz (arab. Pl. v. *dar*).
dyl Herz; Geist; *-awár* herzhaft, kühn, muthig;
-dari Freundschaftsbezeugung, Aufmunterung; *-rsbá* herzgewinnend; *-káz* herzgewinnend; *-zykæstá* Herz gebrochen.
dylír muthig, kühn.
dymýzq alzám Stadt Damascus in Syrien.
dyqqát Aufmerksamkeit, Genauigkeit.
dyr (r): dyrríd zerreissen.
dyráz lang; *-ysmr* lang lebend, von langem Leben.
dyrafzán strahlend, leuchtend.
dyrám Drachme.
dyráχz: dyræχzid glänzen, leuchten.
dyráχt Baum.
dyrhám Drachme (Silbermünze).
dyriy Vorenthaltung, Verweigerung.

dyrrændǽ reissend; reissendes Thier.

f

faʒýr liederlich; ruchlos.
fajydǽ Nutzen; Lehre.
fal Vorbedeutung, Loos.
fars pers. Provinz Fars.
farsí persisch.
farýʃ frei, müssig, ledig.
faxýq Sünder; ausschweifend.
fatyhǽts ʾlkytáb arab. Phrase: Die Eröffnende des Buches, d. i. die I. Sure des Korans.
faʒýl trefflich, tugendhaft, gelehrt.
fædají Meuchelmörder, Attentäter; Denunziant.
fæhm Verstand, Verständniss.
fæhm: fæhmíd verstehen.
fæhíh Zischen d. Schlange.
fæjǽvmæñ s. *jǽvmæñ*.

fækǽjfæ arab. Partikel: wie aber?
fælǽk Himmel (Rundung.)
fæná Vergänglichkeit.
fævt Tod, Vernichtung.
fæqíh Schriftgelehrter.
fæqír arm.
færaʃǽt Ruhe, Musse, Freiheit.
færagír: færagyrýft aufnehmen.
færahǽm angesammelt.
færamúʒ adj. vergessen; *færamúʒ kærdǽn* vergessen.
færa-nsmú(j): -úd einthun, einkleiden.
færáχ weit offen, reichlich; *-í* Weite, Überfluss.
færaχdǽst freigebig.
færbýh wohlbeleibt; *-i* Wohlbeleibtheit, Wohlbefinden.
færχám Ende, Schluss.

færd einzeln; Einzelner; Einzelvers.
færdá morgen.
færháng Klugheit; Wörterbuch.
farizá Glaubenspflicht.
færjád Geschrei, Hilferuf.
færmá(j):færmúd befehlen; belieben (sagen).
færmán Befehl; Befehlschreiben; *-bær* Unterthan, gehorsam; *-dyh* Gebieter; *-dyhí* Gebieterschaft.
færq Scheitel; Unterschied.
færr Macht, Glanz, Pracht.
færrsχ glücklich, gesegnet.
færrsχzád (Glücklichgeborner) Eigenname.
færsáng ⎱ Parasange,
farsáχ ⎰ Meile.
færχsndá glücklich, gesegnet.

færz Teppich; *-y χsrræmí* Teppich der Freudigkeit.
færzánd Kind, Sohn.
færzin Weiser, Wezier; Dame im Schachspiel.
fafl Abschnitt, Kapitel; Jahreszeit: *-y bæhár* Frühlingszeit.
fatḣ Eröffnung; Sieg, Eroberung.
fart Ableben, Tod; Vernichtung.
fazajýl Plur. v. *fæzilát*.
fæzilát Trefflichkeit, Vorzug; Gelehrsamkeit.
fazl Trefflichkeit, Vorzug; Güte, Gnade; ein Eigenname.
fazlát arab. Plur. v. *fæzlát* Excrement.
firuzá Saphir; saphirblau.
fund deutsches Pfund (*liwár* franz. *livre* Pfund).

fsʒúr Gottlosigkeit, Sünde, unrechte Handlung.
fslán der, die, das Bewusste, der N. N.
fsqærá arab. Plur. von *fæqír* arm.
fsqáj Gerstenmost, Bier.
fsrfǽt günstige Gelegenheit; willkommener Anlass.
fsrú (d) herab, abwärts, hinab, beiseite; -*aj*: -*amǽd* herabkommen, herabsteigen; -*gsʒár* unterlassen; -*gsʒázt* Unterlassung; -*mand* unterbleiben, stecken bleiben; -*χænd*: -*χændíd* beiseite lachen.
fsrújr Glanz, Helle.
fsrúz: *fsrúχt* verkaufen.
fsſúl arab. Plur. v. *fæſl* Abschnitt.
fsſæhá arab. Plur. von *faſíh* beredt, Wohlredner.

fsʒalá arab. Plur. v. *faʒýl* tugendhaft, gelehrt.
fyjl That, Handlung.
fyrán Seufzer, Hilferuf.
fynn (fænn) Kunst.
fyrájr Freiheit, Ruhe, Musse.
fyransǽ Frankreich.
fyrár Flucht.
fyrasǽt Scharfsinn.
fyráz oben, oberhalb.
fyráz: *fyráχt* erheben.
fyrængí fränkisch, europäisch; Franke, Europäer.
fyrængystán Frankreich, Europa.
fyrdævsí der persische Dichter Fyrdævsi.
fyríb: *fyríft* täuschen.
fyriftǽ v. √ *fyríb*.
fyrú (d) s. *fsrú (d)* herab, abwärts.
fyrúz: *fyrúχt* anzünden, erleuchten *(fsrúz)*.

fyrýst: fyrystád senden, schicken.
fyryztá Engel.
fytná Unruhe, Aufruhr, Wirrsal, Zwist.
fyzú(j): fyzúd mehren, vermehren *(fszú)*.

g

gah Ort; Zeit.
gáhi zur Zeit als; so oft, jederzeit.
gam Schritt, Tritt.
gaw Rind, Kuh.
gawmiz Büffel.
gæbr Ketzer, Feueranbeter.
gædá(j) Bettler; -*zæbj* von Bettler-Art.
gædaji Bettelei; Armuth.
gælá Heerde.
ganz Schatz; -*xaná* Schatzkammer.
gændsm Weizen, Getreide.

gærú(j): gærajíd sich neigen, streben.
gáraz = gar úra.
gard Staub.
gard: gardíd und *gazt* werden, wandern, kreisen, sich wenden.
gardán: gardaníd bewegen machen, werden lassen.
gærdán Hals, Nacken.
gærdún Himmel.
gærdýz Drehung, Wanderung, Spaziergang.
garm warm.
gærmi Hitze, Wärme.
gærmsír warme Zone, Sommergegend.
gaztán v. √ *gard.*
gævhár Edelstein, Juwel.
gazánd Leid, Schaden.
gir: gyrýft greifen, nehmen, erhalten.
giti Welt.
gúd Eigenname.
gugyltáz Eigenname.

3

gu(j) Ball (im Spiel.)
gu(j): gsft sagen.
gujá so zu sagen, gleichsam.
guná Art, Weise.
gur Grab; wilder Esel (onager).
gurystán Friedhof.
gusfánd Schaf.
guz Ohr.
guzá Winkel, Ecke.
guzt Fleisch.
gsftár Rede.
gsftán v. V *gu(j)*.
gsftsgúj Unterredung.
gshár Edelstein, Juwel.
gsl Rose, Blume.
gslystán Rosenhain.
gslzán Rosengarten.
gslulá Kugel.
gsm verloren.
gsmán Meinung, Ansicht, Wahn.
gsnáh Sünde.
gsnχýzk Sperling.
gsrbá Katze.
gsrg Wolf.
gsriz: gsriχt laufen, fliehen.
gsrúh Schaar, Haufe.
gsrsná hungrig.
gsrsnægí Hunger.
gsrz Keule.
gsstáχ dreist, voreilig,
gsstár: gsstárd ausbreiten.
gszá(j): gszád und *gszúd* öffnen; erobern.
gszadærúj mit offenem Antlitz.
gsztásb Eigenname.
gswáh Zeuge; *-hí* Zeugenschaft.
gszidá auserwählt.
gszín: gszíd erwählen, erkiesen.
gszár: gszázt lassen, zurücklassen; erfüllen, zulassen, dulden.
gszár Übergang, Spaziergang, Passage.

gsʒǽr: gsʒázt vorübergehen, vorüberziehen, verstreichen.
gyjú (h) Kraut, Pflanze.
gyl Lehm, Koth, Erde.
gyramánd beträchtlich.
gyrán schwer, gewichtig; schwierig; theuer; *-pajkár* schwerleibig:
gyraní Schwere.
gyrár Pfand.
gyrd ringsum: rund, Kreis.
gyrdǽk Nuss; *dyráχty gyrdækán* Nussbaum.
gyri: gyrist weinen.
gyrjǽ Weinen.
gyryftár gefangen, ergriffen, befallen.
gyryftǽn v. *V gir*.

r

rafýl sorglos, unvorsichtig.
rajǽt Ausserordentlichkeit, hoher Grad.
ralýb siegreich, gewaltig, bewältigend.
rarát Plünderung.
rarým Schuldner.
razí heiliger Krieger, Glaubenskämpfer.
radr Trug, Ränke.
ræflát Unvorsichtigkeit, Sorglosigkeit.
ræjáʒ Eigenname.
rájræ arab. Ausdruck: Anderes, und dergl.
rájryhyma arab. Phrase: andere als die zwei.
ræjʒ Zorn, Grimm.
ralæbǽ Ueberwältigung: Sieg.
ralát Fehler, Irrthum.
ralíʒ dickflüssig, dicht.
rallá Bodenfrucht, Getreide.
ræm Gram, Kummer.
ræmgín gramerfüllt.
ræmmáʒ Verleumder, Intriguant, Denunziant.
ræmnák s. *ræmgín*.

ґæmzá Wimperschlag, Wink (mit dem Auge).
ґaní reich.
ґará's eigennützige Absicht.
ґarb Westen.
ґæríb fremd.
ґæribá Fremdes, Sonderbares, Merkwürdiges.
ґarím Gläubiger.
ґærq das Untersinken.
ґærґá Getümmel, Streit, Zank.
ґævr Grund, Tiefe.
ґazá Glaubenskrieg.
ґazál Ghasel, Sonett.
ґaznawí Ghasnewide.
ґaznin Stadtname.
ґazáb Zorn; -nák zornig.
ґsbár Staub.
ґslám Sklave, Diener.
ґsnæv: ґsnúd schlummern, schlafen.
ґsrúb Sonnenuntergang, Westen.

ґsrúr Verblendung, Stolz.
ґyzá Nahrung.

h

hamún grosse Fläche.
harún ælræzíd (Aaron der auf den rechten Weg Geleitete) Name eines Chalifen.
hæbá kærdán zu Stäubchen machen, vernichten.
hædajá arab. Plur. von
hædyjjá Geschenk, Tribut.
hædáf Zielscheibe.
hædíl das Girren.
haft sieben.
hæftád siebzig.
hæftá Woche.
hajbæt Furchtbarkeit, Scheu, Ehrfurcht.
hæjıæt Aussehen, Gestalt.
hælák Untergang, Verderben.

hæm auch; zusammen.
hæm — hæm sowohl — als auch.
hæmán der, die, dasselbe; eben (s.*hæmin*).
hæmá aller, alle, alles.
hæmʐún wie, sowie.
hæmʐś s. *hæmʐún*.
hæmʐsnán eben so.
hæmgynán Alle, Standesgenossen, Zeitgenossen.
hæmí immerdar, immerfort.
hæmín eben; eben dieser, e, es; der, die, dasselbe.
hæmiʐá immerfort, fortwährend.
hæmráh Reisegeführte; zusammen.
hæmwará fortwährend, immerfort.
hængám Zeit.
hæniqá blöde, scheu.
hænúz, hænśz noch.

hærát Stadt Herat in Afghanistan.
hær ʐænd so sehr auch, so viel; *-ʐy* was immer; *-gah* so oft, so bald; *-jæk ʐænd* von Zeit zu Zeit; *-ksdám* welcher immer.
hæst existiren, Existenz.
hæʐt acht; *-salægí* Achtjährigkeit, Alter von acht Jahren.
hæʐtśm der, die, das Achte.
hævl Furcht, Schreckniss.
hæwá Luft, Witterung; (*hæwá*) Lust, Liebe; s. *ab*.
hawámm arab. Plur. von *hammá* Insekt, Reptil.
hæwás Lust, Neigung.
hæzár tausend.
hæzl Scherz, Spass.
hiʐ etwas; nichts, nicht.
hiʐ kæs Niemand.
himá } Brennholz.
hiʐśm }

huz Verstand; *-júr* verständig; besonnen.
hszúm Angriff.
hsmajún glückselig; kaiserlich, Allerhöchst.
hsnár Tugend, Talent, Vorzug, Verdienst; *-mánd* mit Vorzügen begabt, talentirt.
hśwa arab. Pron. er; es; er (es) ist.
hymmát Streben, Hochsinn.
hyndí Hindu.
hyndustán Provinz Hindostan, Indien.

ḣ

ḣaẓát ar. Plur. von *ḣaẓát*.
ḣaẓát Nothwendigkeit, Bedürfniss, Anliegen, Bitte.
ḣaẓýb Kämmerer, Pförtner; *-y bszsrg* Grosskämmerer.

ḣadyzá Ereigniss, Unfall.
ḣakým Gebieter, Gouverneur, Richter.
ḣal Zustand, Lage, Befinden.
ḣalá (áň) gegenwärtig.
ḣalát Zustand, Lage.
ḣamýl Träger.
ḣafýl Ergebniss, Ertrag, Frucht.
ḣazyjá Rand, Saum; Gefolge, Civilstaat.
ḣatým Eigenname eines sehr freigebigen Mannes vom Stamme Thaj.
ḣazýr gegenwärtig, anwesend, bereit.
ḣæbb Pille, Bissen.
ḣæbs Haft, Gefangenschaft.
ḣaẓẓáẓ Eigenname.
ḣaẓẓám Barbier, Bader, Schröpfer.
ḣaẓẓamá Eigenname.
ḣædd Grenze, Rand.
ḣaját Leben.

ḥæjf Schaden, Beschädigung; ach Schade!
ḥæjjýz Bereich.
ḥæjrán betroffen, verwirrt.
ḥæjwán Thier; lebend.
ḥakk Auslöschung, Streichung.
ḥækím Weiser, Arzt.
ḥælál der, die, das Erlaubte.
ḥælawǽt Süssigkeit.
ḥælqǽ Ring.
ḥæmám Taube.
ḥæmaqát Thorheit, Unwissenheit, Albernheit.
ḥæmír arab. Plur. v. ḥymár Esel.
ḥæmlǽ Angriff, Sprung
ḥæmmám (warmes) Bad.
ḥæqiqát Wirklichkeit, Wahrheit.
ḥæqír armselig, gering.
ḥæqq Wahrheit, Recht, Anspruch, Pflicht; Gott; dar ḥæqq in Betreff.

ḥærám verboten.
ḥærarát Hitze.
ḥærækát arab. Plur. von ḥærækát Bewegung, Betragen, Benehmen; Vokale, Lesezeichen.
ḥærám Frauengemach, Harem.
ḥærb Krieg, Kampf.
ḥærbǽ Hellebarde, Bajonnet.
ḥærf Wort, Laut; Buchstabe; Partikel.
ḥærír Seide.
ḥæsán (á) schön; Eigenname.
ḥæsb Massgabe, gemäss.
ḥæsúd neidisch.
ḥafirí von Hasír gebürtig
ḥæwadjz ar.Pl.v. ḥadyzǽ.
ḥæwalǽ Uebertragung. Anweisung, Wechsel.
ḥæwazí arab. Plur. von ḥazyjǽ Rand (Civilstaat des Monarchen).

ḥæzín traurig, betrübt.
ḥaзár Obacht, Vorsicht.
ḥaзrát Seiner Gnaden, Majestät, Heiligkeit.
ḥilá List, Auskunftsmittel.
ḥin Zeit, Moment.
ḥur schwarzäugige (Jungfrauen des Paradieses).
ḥsӡӡáb arab. Plur. von ḥaӡýb Thürhüter.
ḥsӡӡát Beweisgrund, Urkunde, Urtheilsspruch; Vorwand, Ausrede, Einspruch.
ḥsӡrá Gemach.
ḥsdúd arab. Plur. von ḥædd Grenze.
ḥskkám arab. Plur. von ḥakým Befehlshaber, Gouverneur.
ḥskm Befehl; Urtheil.
ḥskmrani' Herrschaft.
ḥskumát Regierung.

ḥsmydæ arab. Verbum: wurde gelobt.
ḥsqúq arab. Plur. v. ḥaqq Rechte, Ansprüche.
ḥsrmát Ehrerbietung.
ḥssǽjn Eigenname.
ḥssn Schönheit.
ḥsӡӡár arab. Plur. v. ḥaзýr anwesend, gegenwärtig.
ḥsзúr Gegenwart, Dasein.
ḥyddát Schärfe, Leidenschaftlichkeit, Zorn.
ḥyfӡ Bewahrung, im Gedächtniss behalten.
ḥykaját arab. Plur. v. ḥykaját Erzählung, Geschichte, Darstellung.
ḥykmát Weisheit, Philosophie.
ḥylm Milde.
ḥymaját Schutz.
ḥyrasát Beschützung.
ḥyrf Gier, Habsucht, Gewinnsucht.
ḥysáb Rechnung.

i

ilák Eigenname.
ilzí (türk.) Gesandter.
imán Glaube, Religion.
in dieser, e, es.
in bab sogleich, zur Stelle.
inʒá hier.
irád Bemerkung, Citirung; Einkommen, Rente.
irán Reich Persien.
ist: istád stehen.
izár Schenkung, Angebot, das Vorziehen.
izún sie (Plural).
itáɪy ɜi ˈlqsrbá (ar.) das Besuchen u. Beschenken der Verwandten.
izád Gott.

j

ja oder; o!
jab: jaft finden, fassen.
jad Erinnerung, Gedächtniss.
jaftán v. √ *jab* finden, fassen.
jal Mähne.
jar Freund, Geliebter; Freundin, Geliebte.
jará Kühnheit, Kraft;
jár-a o Freund!
jáɪmɛrɜ arab. Verbum: er befiehlt.
jæɪɜ Hoffnungslosigkeit, Verzweiflung.
jájni (arab.) das heisst, nämlich.
jæganá einzig, vereinzelt; *-gi* Uebereinstimmung.
jæjláq Sommersitz, Sommerlager.
jæk ein, eine, ein; *-ʒa* zugleich, zusammen; *-digár* einander; *-dyl* Eines Herzens, Eines Sinnes; *-san* einerlei, gleich; *-sær, -særá* zugleich, zusammen.

jæmin rechte Hand; Eid; Glück.
jæminí Eigenname.
jæmíns ·ldǽvlæ (rechte Hand des Reiches) Minister, Eigenname.
jængi dsnjá (türk.) neue Welt, Amerika.
jæqin gewiss, Gewissheit.
jætím Waise.
jærmány arab. Dual von *jævm* Tag.
jǽvmañ fæ jǽvmañ arab. Phrase: von Tag zu Tag.
jæχ Eis.
jæzdán Gott.
jazíd Eigenname.
juz (Jagd-) Panther.
jsqáls arab. Verbum: wird gesagt, genannt.

k

kabinát Cabinet.
kaf: kaft höhlen, graben.

kafí genügend, ausreichend.
kafýr Ketzer, Ungläubiger, Gjaur.
kah: kast abnehmen, kleiner werden; vermindern.
kam Wunsch, Wille.
kamrani Willensbefriedigung, Autokratie.
kamýl vollkommen, vorzüglich.
kánæ arab. Verb.: es (er) war.
kar Werk, Handlung, Geschäft, Sache; *karazmudá* geschäftserprobt.
kar: kazt und *kyzt* säen, pflanzen.
kard grosses Messer, Dolch.
kardán geschäftskundig.
karíz Wasserleitung.
karsáz thätig, betriebsam, wirksam.

karwán Karawane;-*zadá* Jemand, der einer geplünderten Karawane angehört, geplündert.
karχaná Werkstätte, Fabrik.
karzár Kampf, Kampfplatz.
kastán v. √ *kah.*
kaχ. Palast, Schloss.
kæbúb Braten.
kaʒ-χsíq übler (quer) Laune, übelgelaunt.
kæff (offene) Hand.
kafz Schuh.
kaj wann? wie so?
kæjd List, Ränke.
kajwán Saturnus.
kalám Rede,Spruch,Satz.
kælymá Wort, Spruch.
kælymát arab. Plur. von *kælymá.*
kam wenig, gering;
-*baqá* kurzdauernd;
-*dúr* wenig entfernt;
-*sál* geringjährig.

kamál Vollkommenheit, Vortrefflichkeit.
kæmán (Pfeil-) Bogen.
kamánd Strick, Fangseil; Ochsenziemer.
kæmár Gürtel, Wölbung.
kæmín arab. Hinterhalt.
kamín(á) gering,niedrig.
kan:kænd graben,rupfen.
kanár Seite, Rand, Ufer;
dær k. (kynár) gyryftán umarmen.
kardár Handlungsweise.
kardán v. √ *ksn.*
kargædán (dún) Nashorn.
karím gnädig, gütig.
kærrát arab. Plur. von *kærrá (t)* Mal (Fall).
kas Person, Individuum.
kásu o Leute!
kasb Erwerbung.
kazíf dick, grob, derb.
kazrǽt Menge.
kaz: kazíd ziehen, schleppen.

kaziz christl. Priester.
kæzti Schiff; *-zykastá* schiffbrüchig.
kaʒ krumm, schief.
kaʒdśm Scorpion.
kavdán plump, dumm.
kavzár der Fluss des muslim. Paradieses.
kawakyb arab. Plur. von *kavkáb* Stern.
kaz = ky az der von.
kaʒʒáb Lügner.
kil (kajl) [Hohl-] Mass.
kimyjagár Alchimist.
kin, kiná Hass, Rache.
kisá Beutel, Börse.
kist = ky-æst wer ist?
kiz Religion, Glaube, Handlungsweise.
ku wo?
ku = ky u so er, welcher.
kub: kuft stossen, klopfen, schlagen.
kuzyk klein.
kudák Kind, Knabe.
kuftán v. √ *kub*.

kuh Berg.
kuhystán Gebirgsgegend.
kur blind; *-i* Blindheit.
kuz: kuzíd sich befleissen, sich bestreben.
kutáh kurz; *-ysmr* kurzlebig, von kurzem Leben.
kuzá Krug.
ksbár, ksbbár gross.
ksbr Stolz, Hochmuth.
ksʒú wo?
ksʒúst = ksʒá-æst wo ist?
ksdám welcher?
ksffár arab. Plur. v. *kafýr* Ungläubige, Ketzer.
ksfr Unglaube, Ketzerei.
ksfrány nyjmát die Undankbarkeit.
kshná alt.
kshulát gesetztes Alter.
kshśn, ksháń alt.
ksláh Hut, Mütze, Krone.
kslfát Beschwerde.
ksll aller, e, es; jeder, e, es; ganz.

kslli̇́ gänzlich.
ksllyjját plur. Gesammtheit, sämmtliche Werke eines Schriftstellers.
kslśft dick, grob, rauh.
ksn: kærd machen, thun, schaffen.
ksnẓ Winkel.
ksngsrǽ Zinne.
ksnún nun, jetzt.
ksrǽ Kugel, Ball; *-ǽjy zæmín* Erdball.
ksrsí Sitz, Thron.
ksz: kszt tödten, morden.
kszti̇́ Gürtel der Parsen und christl. Mönche; Ringkampf; *-gyryftǽn* ringen.
kstśb ar. Pl. v. *kytáb* Buch.
kswitú Stadt Quito in der südamerikanischen Provinz Ecuadòr.
ky wer? welcher, so (relat.); dass; denn; als.
kybr Stolz, Hochmuth.
kyfaját Genügeleistung.

kyrdár Handlungsweise.
kysrá Chosroes, Titel der persischen Monarchen aus dem Hause der Sassaniden.
kyzt Saat.
kyzt v. √ *kar*.
kyzwár Region, Welttheil; *-gszá(j)* Regionen erobernd.
kytáb Buch.
ky3b Lüge.

l

la nein.
laʒáræm gewiss, daher.
laʒwárd lazurfarbig.
laf Gerede, Prahlerei.
lajýq würdig, passend, geziemend.
lalǽ Tulpe.
lazým nöthig, geboten.
lajl Rubin.
læb Lippe, Rand, Ufer; *-tyzná* mit durstenden Lippen.

lafʒ Wort.
laḥʒá Augenblick.
láhs arab. Ausdruck, aus
la zu und dem Pronominalsuffix *hs* ihm:
ihm eigenthümlich.
laʀim niedrig, gemein.
læng lahm.
læqáb Beiname. Prädicat.
larz: larzid zittern.
lærzá Schauer.
larzýz Zittern.
laʑkár Heer, Truppen;
-*zykán* Alles Niederwerfender, Truppenzerbrecher.
læʈufát Lieblichkeit, Milde, Güte.
læʈajýf arab. Plur. v. *læʈifá* sinniger Spruch.
larḥ Blatt, Tafel.
læʑʑá(t) Genuss.
líkyn aber, jedoch.
lis: lisid lecken.
liwár das französische *livre* Pfund.

lsqmá Bissen.
lsʈf Güte, Milde.
lybás Kleid.
lyhása arab.: daher.
lyjón das franz. *lion* Löwe.
ly iláh zu Gott (Dativ).
lywá Fahne; Banner.

m

ma wir.
mabájn arab. Partikel: zwischen.
madám so lange; -*ky* so lange als, während, da.
madá Weibchen; weiblich.
madár Mutter.
mah Mond; Monat; -*táb* Mondschein.
mahí Fisch.
mahýr geschickt.
majá Capital.
majýl sich neigend.
mal Gut, Vermögen; Waaren.

mal: málid reiben, zermalmen, wischen, züchtigen.
malýk Besitzer, Eigenthümer.
malýz Zerreibung, Züchtigung.
man: mand bleiben.
man: manýst gleichen, ähnlich sein.
manánd ähnlich, gleich, wie.
mar Schlange.
matám Trauer, Leichenfeier.
mawærái arab. Phrase: was jenseits; *-s·ĺnæhr* Provinz Transoxanien.
mazændærán Mazändäran (pers. Provinz).
mazi vergangen, früher.
mæiúb Zufluchtsort, Centrum.
mæikúl Speise.
mæimúr beauftragt, betraut; Beamter.
mæinús zahm, gezähmt.
mænwá Asyl, Wohnsitz.
mæjani arab. Plur. von *mæjni* Bedeutung.
mæjarýf arab. Plur. von *mæjryfǽt*.
mæjáz Lebensunterhalt.
mæjbúd angebetet, Gott.
mæjfśww begnadigt, pardonirt.
mæjlúm bekannt.
mæjmúr bevölkert, wohl cultivirt, blühend.
mæjni Bedeutung, Sinn, Idee, Gegenstand; *-dár* sinnhabend.
mæjrúz vorgetragen, vorgebracht.
mæjryfǽt Kenntniss, Wissenschaft, Talent.
mæjsyjǽt sündige Handlung.
mæjzúl abgesetzt.
mæjyrǽt Entschuldigung.
mæhdú(ǽi) Ursprung.

mæbhá2 Fragestück.
mablá́r Betrag, Summe.
mæʒúl Spielraum, Gelegenheit, Möglichkeit.
mæʒbúr bemüssigt, gedrängt.
mæʒd Ruhm.
mæʒíd ruhmvoll.
mæʒlýs Sitzung, Versammlung, Behörde.
mæʒmáj Sammlung.
mæʒmúj sämmtlich; Gesammtheit, Summe.
mæʒrúh verwundet, leidend.
mædajýn Stadt Ktesiphon, ehemalige Residenzstadt der Sassaniden.
mædád Hilfe, Beistand.
mæddáh Lobsänger.
mædfǽn Grab.
mædhúz verblüfft, erschrocken.
mædh Lob, Preis.
mædíd lang, gedehnt.

mædíh s. mædh.
mædrasá Schule.
mæfalík ar. Pl. v. mæflúk elend, unglücklich.
mæfráz Teppich.
mæftúh geöffnet, erschlossen, erobert.
mægár wenn nicht, ausser; etwa?
mærfyrát Vergebung.
mærlúb bewältigt.
mærrúr verblendet, stolz, hoffährtig, eingebildet.
mærrýb Westen.
mærzúz gefälscht.
mærz Gehirn.
mæharát Geschicklichkeit.
mæhdí Eigenname (der auf den rechten Weg Geleitete).
mahr Mitgift.
mæhtáb s. mahtúb.
mahabbát Liebe.
mahǽll Ort; Bedeutung, Beachtung.

mæhallá Gegend, Stadtviertel.
mæhbúb beliebt; Geliebter.
mæhmád Eigenname.
mahmúd Eigenname.
mæhrúm ausgeschlossen, entbehrend, verbannt.
mæhw Auslöschung, Verwischung.
mæhs pur, rein, bloss, lediglich.
mæj Wein, -χaná Weinhaus.
mæjdún öffentlicher Platz, Rennplatz.
mæjl Lust, Neigung.
majmún glücklich; Affe.
mæk: mækíd saugen.
mækidán v. √ *mækíd*.
mækr List.
mækrúh widerwärtig.
mæktúb Brief, Schreiben.
mælú (láı) Menge, Versammlung, Publikum.
mælahýd arab. Plur. von *mslhýd*.

mælál Unlust, Traurigkeit.
mælamát Tadel.
mælbús Kleid; gekleidet.
mælýk König, Fürst, Herrscher.
mæmalýk arab. Plur. von *mæmlækát* Reich, Land, Provinz.
mamlú(lúı,lsww) gefüllt.
mæmzúʒ vermischt.
mæn ich.
manj Behinderung.
mænahi arab. Plur. von *mænhyjjá* verbotene Handlung.
mænafýb arab. Plur. von *mænfáb* Amt, Würde.
mænazýl arab. Plur. von *mænzýl* Wohnort, Station.
mænfaját Nutzen.
mænhús elend, unselig.
mænkuhá verheirathete Frau, Gattin.
mænqúz gravirt, gezeichnet, bemalt.

4

mænsúb bezogen, bezüglich; beschuldigt.
mænſáb Amt, Würde.
mænzýl Wohnung, Quartier, Station.
mænʒár Anblick, Ansicht, Scene; und -*á* Erker, Balkon, Altane.
mænʒumát Gedichte.
mænʒúr im Auge behalten, gewärtigt.
maqám Ort, Stätte, Rang.
mæqárr Sitz, Aufenthaltsort.
maqbúl angenommen; angenehm, beliebt, gefällig.
maqтáj Ausläufer, Arm, Zweig; Abschnitt.
mær zu, an, für (Dativ).
mærd Mann, Mensch, Held; -*i*, -*anægi* Männlichkeit, Tapferkeit, Heldenmuth.
mærdák Männlein, Männchen.

mærdśm Mensch, Leute; -*i* Menschlichkeit, Humanität.
mærg Tod.
mærɣúb beliebt; gewünscht.
mærhám Pflaster, Balsam.
mærhæmát Erbarmen, Barmherzigkeit.
mærkáb Reitthier.
mærrá Mal; *mærrát* (ar. Pl.) Male.
mærtæbá(t) Grad, Stufe, Würde.
mærw Stadt Märw im Chanate Chiwa.
mærwán Eigenname.
mærz Mark, Land, Gebiet.
mæsиælá Frage, Streitfrage.
mæsjúd glücklich.
mæsafát Strecke, Distanz.
mæsʒýd Moschee.
mæsihi christlich.
mæskýn (*kǽn*) Wohnsitz.

masnád Sitz, Stuhl, Kanzel, Thron.
mast trunken.
mastúr geschrieben, verzeichnet.
mafalýh arab. Plur. von *maflahát* Interesse, Wohl, Heil.
mafrúf verwendet.
mazabá Geltung, Grad, Stufe, Art und Weise.
mazál Gleichniss, Spruch, Sprichwort.
mazalán, -lá adv.: zum Beispiel, als da.
maznawí Doppeltgereimtes (Gedicht).
mazahír arab. Plur. von *mazhúr* berühmt.
mazɟúl beschäftigt, sich befassend.
mazrúb Trank, Getränk.
mazrúh erklärt.
mazrɟq Osten.
mazwarát Berathung.
mætáɟ Habe, Gut, Waare.

matín fest.
matbúɟ eingeprägt, natürlich; angenehm, gefällig.
matláɟ Eingangsvers.
mavɟúd verheissen.
mavɟýd Termin, Verfallstag.
mavɟyzá Lehre, Ermahnung.
mavɟúd befindlich, existirend.
mavlaná geistlicher Titel: Unser Herr.
mavlúd Geburt.
mavsɟ Ort, Gegend.
mawaɟýb Sold, Gehalt.
maχlúq Geschöpf.
maχfúf eigenthümlich; speciell bestimmt.
mazíd Vermehrung.
mazzáh scherzhaft.
mazallát Erniedrigung.
mazammát Tadel.
mazháb Glaube, Glaubensmeinung, Secte.

4*

mæzkúr erwähnt, besagt.
mæzmúm getadelt.
mæzærrát Schädlichkeit.
mæzmún Inhalt.
mazalým arab. Plur. von
mazlýmá Beschwerde,
Bedrückung.
mazænná Meinung; der
Vermuthung nach.
mazlúm bedrückt,
schmachtend.
mijád Termin; Stelldich-
ein; Auferstehung.
mihmán (myhmán) Gast.
mil Meile; Nadel, Griffel.
miná Email.
mir: msrd sterben.
miráz Erbschaft.
mirzá = æmirzadá Für-
stensohn; (voranste-
hend) Mann der Feder.
miz Schaf.
miwá Frucht, Obst;
-dár fruchttragend;
-fsrúz Obstverkäufer,
Obsthändler.

miχ Nagel.
miz Tisch, Tafel.
mizán Waage.
mizbán Tafelherr, Wirth.
mu(j) Haar; *-pizidá* mit
gekräuseltem Haare.
mubád (Magier) Priester.
muzýb bewirkend, ver-
ursachend.
mum Wachs.
mur Ameise.
musá Moses.
musjú das franz.: Mon-
sieur, Herr.
muzá Stiefel, Ueber-
schuhe.
msaχazá Tadel, Verweis.
msaddýb strenge.
msænnæz weiblich.
msazzýn Gebetausrufer.
msımynín arab. Plur. von
msımýn Gläubige.
msınát Lebensunterhalt,
Subsistenzmittel.
msızyjá schädlich, reissend (von Thieren).

msjalaʒá Kur, Heilung.
msjamalá Unterhandlung, Behandlung.
msjarýs behindernd, opponirend, Gegner.
msjafýr Zeitgenosse.
msjatæbát Rüge.
msjatáb zur Rede gestellt, getadelt.
msjawædát Rückkehr.
msjawænát Beistand, Unterstützung.
msjæbbýr Traumdeuter, Ausleger.
msjæjján bestimmt, festgesetzt, ernannt.
msjællým Lehrer.
msjæssýr drängend.
msjættál abgeschafft, vernachlässigt, müssig, in Erwartung.
msjʒyzá Wunderthat.
msjsýr bedrängt, arm.
msjtád gewöhnlich.
msjtabár geachtet, angesehen.
msjtædylá gemässigt, mild (fem. Zone).
msjtafým Eigenname.
msbadærát Beeilung, sich Anschicken, Anfangen.
msbulæɼá Uebertreibung.
msbarýz Kämpfer, Held.
msʒærrád bloss, vereinzelt, lediglich.
msʒmál Summarium, Abriss.
msʒrým Verbrecher.
msdaχælát Einmischung.
msdarrýs Lehrer.
msdbýr unselig, verrucht.
msddæjí Kläger.
msddát Frist, Zeitraum.
msfarrýh erfreuend, erheiternd.
msfæffál detaillirt.
msɼajarát Verschiedenheit, Gegensätzlichkeit.
mshajjá (já1) bereit, in Bereitschaft.
mshíb furchtbar, schrecklich.

mshmäl vernachlässigt, dumm; *-gu* unsinn- schwätzend.
mshrǽ Rippenknorpel, Kettenglied, Muschel.
mshr Siegel, Petschaft.
mshýmm wichtig, dringend; *mshymmút* ar. Pl. wichtige Dinge, Bedürfnisse.
mshafaʒát Beschützung, Behütung.
mshasýb Rechenmeister, Buchhalter.
mshammád Mohammed.
mshkǽm fest, befestigt, solid, tüchtig.
mshtáʒ bedürftig; *-ylájh* arab. Phrase: etwas, dessen man bedarf, benöthigt.
mshtæsýb obersterMarktrichter, Schreiber, Secretär.
msjæssár leicht ermöglicht.

mskalæmǽ Gespräch.
mskærrǽr wiederholt.
mslahaʒá Beobachtung, Betrachtung.
mslajæmǽt Milde.
mslaτæfǽt Güte, Begütigung.
msluzæmǽt Dienst, Aufwartung.
mslazým Begleiter, Adjutant, Diener, Höfling.
mslhýd Glaubensabtrünniger, Ketzer.
mslk Reich, Land; *-dari* Regierung.
msltaʒá (ʒǽı) Zuflucht suchend, gezwungen.
mslúk arab. Plur. v. *mælýk* König, Fürst.
*msmanæjǽt*Behinderung.
msmkýn möglich.
msmtáz ausgezeichnet, privilegirt.
msmtænýj sich weigernd, behindernd.
msnaʒút stilles Gebet.

msnadá Ausruf, Bekanntmachung.
msnasyb angemessen, passend, hübsch.
msnazajá Streit, Kampf.
msnaʒará Disput.
msnaɣɣym Sterndeuter.
msndaryʒ eingeschaltet.
msnfajyl verlegen, beschämt.
msnharyf getrübt, verstimmt.
msnkár verbotene Handlung, Abscheuliches.
msnkyr Läugner.
msnqatyj abgeschnitten, unterbrochen, beendigt.
msntæfyj nutzniessend.
msntæhá beendigt.
msntaʒyr gewärtigend, erwartend.
msqabyl gegenüberstehend, entsprechend.
msqæddám vorgängig, voraus, voran; Vordertheil; Anführer.

msqærræb angenähert, vertraut (Günstling).
msqærrár festgestellt, bestimmt.
msqattajút ar. Pl. Bruchstücke (Verse).
msqtædá Vorbeter, Vorbild; *-di* Zuhörer.
msqawæmát Widerstand.
msrajút Berücksichtigung, Rücksicht.
msraʒajæt Rückkehr,
msrád Wunsch, Absicht; Sinn.
msrafæjá Process.
msraɣɣáh bevorzugt.
msrækkáb zusammengesetzt; Tinte.
msrættáb geordnet, geregelt; Gehalt.
msrdá todt, erloschen.
msrdægí Tod, Todtsein.
msrdán v. √ *mir*.
msry Vogel, Huhn; *-y ɣanægí* Haushuhn.
msríd Jünger, Schüler.

msrtæjjz zitternd.
msrtæzá in Gnaden angenommen; Gott wohlgefällig.
msrúr Vorübergehen, Passage, Uebergang.
msrswwát Humanität.
mssamæhát Nachsicht.
mssawí gleich.
mssajlymá Eigenname.
mssællýz beherrschend, beeinflussend.
mssælsál aneinandergereiht, verkettet.
msslým Gläubiger, Muhammedaner; Eigenname.
msstajzýr Pächter.
msstajzýl eilig.
msstajællát Bodenerträgnisse.
msstajrýq ertrunken, untergetaucht.
msstahkám fest.
msstæmýj anhörend, lauschend, Zuhörer.

msstæmýrr fortdauernd, von Statten gehend.
msstavzýb würdig.
msstavlí herrschend, beherrschend.
mssslmán Muselmann; -*í* Islam.
mszæbbát bestätigt.
msfúb getroffen, leidend.
msfudærá Geldstrafe, Beschlagnahme, Confiscation.
msfufýr Reisender.
msfulæhá Versöhnung, Friede.
msfæddýq bestätigend; glaubend.
msfæffú gereinigt.
msfænnýf Autor, Verfasser.
msflýhs ídín Eigenname.
msfzafú Eigenname (der Auserwählte).
mszabæhát Aehnlichkeit.

mszahadá Wahrnehmung. Inaugenscheinnahme.
msztáq sehnsüchtig.
mszawarát Berathung.
mszajbýd Gaukler.
mszarráf beehrt, besucht.
mszawwáz unruhig, verwirrt, gestört.
mszfýq liebevoll.
mszir Rathgeber, rathend; hinweisend.
mszk Moschus; -*búj* moschusduftend.
mszkýl schwierig.
mszrýf überhöhend, zugewendet, anliegend, nahe; Aufseher.
msztabýh zweifelhaft, ungewiss, unsicher; euphon.: irrthümlich.
msztamýl enthaltend, umfassend, lautend auf.
msztari Käufer, Kunde; Planet Jupiter.
mszá Wimper.

mstæammýl betrachtend, nachdenkend.
mstæassýf bedauernd.
mstææzzýr beeinflusst.
mstææχχyrín ar. Pl. von *mstææχχýr* nachfolgend; später, modern.
mstajajjýr sich verändernd, verändert.
mstajaϟϟýb verwundert.
mstajæffýn übelriechend.
mstajællým Schüler.
mstajællýq angehörig, bezüglich.
mstæfakkýr überlegend, nachdenkend.
mstafarrýq zerstreut, getrennt.
mstahajjýr betroffen.
mstakabbýr stolz.
mstænabbí der Prophet sein wollende.
mstænawwyjá (*æn*) nach Gattungen gesondert.
mstæqaddým vorausgegangen. früher, alt:

ar. Pl. *mstæqæddymíń* die Früheren.
mstæqællýd investirt, bekleidet, betraut.
mstærættýb geordnet, verhängt, zukommend (Strafe etc.).
mstærzým Dolmetsch.
mstæwæqqýf verweilend, innehaltend.
mstæwazzýh sich wohin wendend, richtend, begebend.
mstæwahhýz scheu geworden, beunruhigt.
mstæwallýd geboren.
mstæwæqqýj erwartend.
mstæwattýn ansässig.
mstæzammýn enthaltend, umfassend.
msttæfýq übereinkommend, geeint.
msttæhám verdächtigt.
msttæká Lehne, Stütze.
msttæsým gekennzeichnet.

msttæfýf beeigenschaftet.
mszabýq entsprechend, passend, angemessen.
mszajæbát Plur. von *mszajæbá* Bonmot, sinniger Spruch.
mszalajá Lectüre, Lesung.
mszawæját Gehorsam.
mszalæbát Forderung.
mszíj gehorsam.
msztáq absolut, unbedingt, allgemein.
msztmáh ins Auge gefasst, angestrebt, Ziel.
msztrýb Sänger, Musiker.
mswafýq entsprechend, übereinstimmend, gemäss.
mswæffár in Hülle und Fülle, gefüllt, zahlreich.
msχalýf entgegengesetzt, widersprechend, Gegner.
msχafæmát Anfeindung, Feindschaft.

msχæjjǽr freiwählend.
msχlýf aufrichtig.
msχtǽll in Verfall gerathen, zerrüttet.
msχtælýf mannigfaltig, verschieden.
msχtærajǽ erfunden (f.).
msχtafǽr Compendium, Auszug.
msӡakkǽr männlich.
msӡajæqǽ Beengung, Bedrängniss, Schwierigkeit, Verlegenheit.
msӡýrr schädlich, schadenbringend.
msӡd, msӡd Lohn.
msӡdúr(msӡ.) Taglöhner.
myh gross, mächtig.
myhlǽt Frist, Zeitraum.
myhmán Gast; *-særáj* Herberge.
myhr Liebe; Sonne; *-bán* liebevoll.
myhtǽr Vorsteher, Stallmeister.

myhnǽt Mühe, Beschwerde.
myhráb Gebetsnische, Hochaltar.
myján Mitte; mitten, zwischen, unter.
myknǽt Kraft, Stärke, Macht, Einfluss.
mylk Besitz.
myllǽt Nation, Religionsgenossenschaft.
myn bájd ar. Phr.: hinfür.
mýnha arab. Phrase: von dem (ihr).
mynnǽt Verbindlichkeit.
mynwál Art, Weise.
myqdár Betrag.
myskin arm, elend.
mystǽr das engl.: Master, Herr.
myfr Egypten; *-í* egyptisch, Egypter.
myfráj Halbvers.
myӡál Aehnlichkeit, Vorbild, Muster, Art, Weise.

myzl ähnlich, gleich, wie; der, die, das Gleiche.
myzgál Gewicht, Unze.
myzáʒ Mischung, Naturel, Befinden.

n

na nicht, nein; Partikel un-: *-azmudá* unerprobt; *-áhl* unwürdig; *-ændizidá* unüberlegt, unbedacht; *-bækár* unnütz, zu nichts taugend; *-biná* blind; *-dán* unwissend; *-farmán* unbotmässig; *-gszír* unentbehrlich; *-kardán* geschäftsunkundig; *-mæjdúd* ungezählt; *-msḣasýb* unangemessen; *-pák* unrein, böse; *-pærhizgár* unenthaltsam, ausschweifend; *-psχtá* ungekocht; *-sáz* unangemessen, unpassend; *-saχtá* unvorbereitet; *-sæzá* unwürdig,; *-zynáχt* incognito;-*zibá* unschön.
nab rein, klar, frisch.
nadýr selten; *-s ḣwsqúj* arab. Phrase: selten vorkommend.
nadým reuig, bereuend.
naf Nabel.
nagáh plötzlich, zur Unzeit.
najýb Stellvertreter.
nal: *nalíd* klagen.
nalá Klage.
nam Name.
namæ Schrift, Brief, Buch.
namárd Unmensch; Feigling.
namdár berühmt.
nan Brod.
napædíd unsichtbar.
nar Feuer.
nafýr Helfer, Förderer.

naw Schiff, Boot.
nawǽk Pfeil.
naχsn Nagel.
naz Zartheit, Zärtlichkeit, Ziererei, Coqueterie.
næ nicht, nein, *næ — næ* weder — noch.
næjím Wohlleben, Genuss, Wohlthat.
næjíq Krächzen.
næjrǽ Klage, Schrei.
næjl Huf.
næjι Todtenbahre mit Leiche.
næjt Lob, Preis.
næbǽrd Kampf.
næχabǽt Adel, Edelsinn, Edelmuth.
nædím Höfling, Rathgeber, Gesellschafter, Hofnarr.
næfǽr Individuum, Person; Stück (Kamele).
næfrǽt Abscheu.
næfs Seele, das Ich; *náfs ·shǽmr* arab. Phr.:

Wesenheit der Sache, an und für sich.
næhǽr (heller) Tag, Vormittag, Mittagmahl.
næhr Fluss.
næjjýr leuchtend, Gestirn.
nækbǽt Elend, Noth.
næm feucht, nass.
næmǽz Gebet: *y -pizín* Frühgebet.
næmǽk Salz.
næmudǽr Vorbild, Muster.
næmuncǽ (nsm.) Muster.
næqd Baargeld.
næqis Krächzen des Raben.
næql Erzählung.
næqf Mangel, Fehler, Gebrechen.
næqz Zeichnung, Malerei.
nær männlich; Männchen.
nærgýs Narzisse; Auge der Geliebten.
næsǽb Genealogie, Verwandtschaft.

naſb Einsetzung, Beförderung.
naſihát guter Rath, Ermahnung, Lehre.
naſr Eigenname (Hilfe, Sieg).
natajýʒ arab. Plur. von *natiʒá* Producte, Ausflüsse, Ergebnisse.
nav neu.
navj Art, Gattung.
navbará Erstlingsfrucht.
navbát Tour, Reihe, Mal.
navkár Diener.
nawá Melodie, Gesang, Stimme; Mittel, Vermögen.
nawa:ýɩ) Liebkosung,
nawáχt) Schmeichelei.
nawárd: nawardíd und *nawázt* zusammenfalten, (den Weg) aufrollen, durchwandern; übergehen.
nazd nächst, bei, zu.
nazdík nahe.

nazíb Röhren des Hirsches.
naʒr Gelübde.
naʒará Anblick, Anschauung.
naʒár Blick.
naʒír ähnlich, gleich.
naʒm Ordnung, gebundene Rede, Poesie.
ní nicht, nein.
nik gut; -*mærdí* Güte.
niknám guter Ruf; -*ı* von gutem Rufe.
nikú gut; -*jí* Güte; -*kár* guthandelnd.
nim halb; Hälfte.
nist ist nicht; Nichtsein.
nizabúr Stadt Nischabur.
niz ebenfalls, auch.
nizá Lanze, Speer.
nuh Noah.
nur Licht.
nuz: nuzíd trinken.
nuzín süss, lieblich.
nsbswwát Prophetie.
nsdamá ar. Pl. v. *nædím*.
nsh neun.

nshsm d., d., d. Neunte.
nshsft: nshsftán verbergen, sich verbergen.
nsmú(j): nsmúd zeigen, erscheinen machen: sich zeigen, erscheinen; *ruj n.* sich ereignen.
nsqrá Silber.
nsqfán Eintrag, Abbruch, Mangel, Abnahme.
nssáχ ar. Plur. v. *nssχá* Abschrift, Exemplar.
nsfrát Siegeskraft, Sieg.
nswis : nswýzt s. *nywis.*
nsχsst,-in d., d., d. Erste; Anfang.
nyjmát Gnade, Wohlthat.
nydá Ruf.
nýddæ arab. Accus. von *nydd* gleich, ähnlich.
nygáh Blick; bewahrt, *n. daztán* bewahren, behüten.
nygár Bild; Liebchen.
nygár: ist (yst) blicken, schauen, betrachten.

nygín Siegel, Ringplatte.
nygún umgekehrt, kopfüber.
nyh: nyhád legen, setzen, stellen.
nyhád Naturanlagen, Charakter.
nyhaját Ende.
nyhál Schössling.
nyhán verborgen, heimlich; -*i* Verborgenheit; geheim.
nyjját Absicht, Vorsatz.
nyjám Scheide.
nykú = nikú gut.
nyqáb Schleier, Decke.
nysbát Bezug, Beziehung, Verhältniss, Verwandtschaft.
nyff Hälfte.
nyzán Zeichen, Merkmal.
nyzán: nyzánd setzen, pflanzen.
nyzáτ Munterkeit, Freude, Lust *(nazáτ)*.
nyzastán v. √ *nyzin.*

nyzín: nyzást sich setzen, sitzen.
nyẓád Herkunft, Abstammung, Familie.
nywis: nywýzt (nsw.) schreiben.
nywisændægán Schreiber, Beamte (Plur.).
nywýzt v. V *nywís*.
nywyztaṛát arab. Plur. v.
nywyztǽ Schreiben, Brief.
nyzáj Streit, Zank.

p

pa(j) Fuss.
padáz Vergeltung, Belohnung, Rache.
padyzáh König.
pajǽ Stufe.
pajidán dauern, währen.
pak rein; *-damán* mit reinem Saume, unbefleckten Lebenswandels; *-í* Reinheit.

palú(j): palúd durchseihen.
panzdǽh fünfzehn.
par vorjährig.
parǽ Stück; *-kærdǽn* zerstücken, zerfleischen.
parzǽ Stück, Theil.
pars Leopard.
parsá rein, fromm, gerecht.
pas Wache.
pasbán Wächter, Hüter.
passýχ Antwort.
paz: pazíd streuen, ausschütten, ausbreiten.
pædíd sichtbar.
pæhlæwán Held.
pæhlú Seite, Hüfte.
pæhn breit, weit.
pæj Muskel, Sehne, Nerv; Ferse, Spur, Fussstapfen.
pæjúm awár⎫ Botschafts-
pæjambár ⎬ bringer,
pæjæmbár ⎭ Prophet.
pæjdú sichtbar, vorfindig.

pæjrám (pæjúm) Botschaft; -bǽr Prophet.
pæjkǽr Gestalt, Form, Bild.
pæjmá(j): pæjmúd messen.
pæjwǽnd: pæjwǽst sich anschliessen; verbinden.
pæjwæstǽ vereinigt; gleich darauf; ununterbrochen, immerfort.
palǽng Tiger.
pænáh Zufluchtsort.
pænʒ fünf; -ruzǽ fünftägiges Fasten.
pænʒáh fünfzig.
pænʒǽ Faust.
pænʒśm fünfte, fünftens.
pænd Rath, Lehre.
pændúr: pændázt (pynd.) meinen, wähnen.
pænhán (pyn.) verborgen, geheim.
pær(r) Flügel, Feder.
pær(r): pær(r)íd fliegen.

pærǽst: pærastíd verehren, pflegen.
pærdáz: pærdáχt glätten, poliren; vollenden; bewerkstelligen, verrichten.
pærdǽ Schleier, Vorhang.
pærhíz: pærhíχt sich enthalten, fasten.
pærhizán: íd enthaltenmachen.
pærí Fee.
pærizán wirr, verwirrt; -hál verwirrten Zustandes, armselig.
pærnæjún Atlas.
pærtáv Strahl, Glanz.
pærwǽr: pærwǽrd erziehen, pflegen; üben.
pæs hinter, rückwärts; -æz nach (in der Zeit).
pæsǽnd: pæsændíd loben, Gefallen haben.
pæst niedrig.
pæzán Eigenname.

5

pæzimaní Reue.
pæzm Schafwolle.
pæzir: -sft empfangen, erhalten, annehmen.
piz: pizíd und *pi*χ*t* drehen, winden, sich w.
pih Fett.
pil Elephant.
pir alt, Greis.
pirahán Hemd.
piramún (śn) Umkreis, rundum, um herum.
pirastán zieren, ausputzen, stutzen, beschneiden.
piz vor, voran; *-æz* vor (in Zeit und Raum).
pizaní Stirne.
pizapíz voraus.
pizá Geschäft, Gewerbe.
pizgir: -gyryst vorziehen, wählen, sich zum Berufe machen.
pizín der, die, das Frühere, Vormalige; Vorfahr.

pizkáz Geschenk.
pizráv Vorläufer, Führer, Vertreter.
pizwají Führerschaft, Herrschaft.
pul Geld.
puma peruanischer Löwe.
pust Haut, Rinde.
puz: puzíd bedecken, kleiden; sich kleiden.
puzán: puzaníd Einen kleiden.
puzýz Kleidung.
psl Brücke.
psr voll, gefüllt; *-zúr* vollkräftig, gewaltig.
psrs: psrsíd fragen, forschen.
pszt Rücken, Rückseite, hinter.
pydár Vater.
pyjadá Fussgänger, Bauer im Schachspiele.
pysár Sohn, Knabe.
pystán Brust *(mamma)*, Zitze, Euter.

q.

qajydá Grundsatz, Regel, Brauch.
qabýl geeignet, fähig, tauglich.
qabylyjját Fähigkeit, Eignung, Tauglichkeit.
qadýr mächtig, bewältigend, im Stande.
qafyjá Reim.
qafylá Karawane.
qajým stehend, bestehend.
qamát Wuchs, Gestalt.
qaplán (qæ.) Tiger.
qatýl tödtlich, todtbringend.
qaτýr Maulthier.
qaʒí Kadi, Richter.
qæbá Gewand, Kleid.
qæbíl Art, Gattung, Klasse; gleich, als z. B.
qæbilá Stamm.
qæbl (æz) vor (Zeit).
qæbr Grab.
qæbúl Annahme, Genehmigung, Einwilligung.
qædáḥ Becher, Kelch.
qædám Fuss, Schritt.
qædd Wuchs, Gestalt.
qædim alt, antik, früher.
qædr Mass, Werth.
qæfá Hinterhaupt, Nacken.
qæhr Vergewaltigung, Macht, Gewalt.
qæjd Fesselung, Fessel.
qæjfǽr Kaiser.
qælám Rohr, Feder; -*í* Federwerk, Schrift.
qælʲá Festung.
qæmár Mond.
qanaját Genügsamkeit.
qærár Feststellung, Festigkeit, Beschluss; Bestand, Dauer.
qærib nahe, verwandt.
qærin nahestehend, vertraut, Genosse.
qærn Horn; Zeitalter.
qærʒ Anlehen.
qæfajýd Plur. von *qafidá*.

5*

qaſd Absicht Vorsatz; Angriff, Nachstellung, Attentat.
qaſidǽ Ode, Gedicht.
qaſr Schloss, Burg.
qaſſáb Fleischer.
qætl Tödtung, Mord.
qætj Abschneidung, Unterdrückung, Ausrottung.
qætjáǹ unbedingt, durchaus.
qævl Aussage, Angabe.
qærm Stamm, Schaar.
qæwajým (die Ständer) Hinterbeine.
qæwí stark, kräftig; -*ajǽt* von starkem, mächtigem Anzeichen, grossmächtig; -*tærin* Superlat. von *qæwí*.
qazá Schicksal, Verhängniss, Zufall.
qazyjjǽ Angelegenheit, Vorfall, Rechtssache.
qimǽt Werth, Preis.

qulýnʒ Kolik.
qsbád Eigenname.
qsdrǽt Macht, Stärke.
qsdúm Ankunft.
qsfl (Sperr-) Schloss.
qsl arab.: sage! sprich!
qsmáz Zeug, Stoff.
qsmrí Turteltaube.
qsrján Koran.
qsrb Nähe; und *by ·lqsŕb* nahe, nahe an.
qsrbǽt Nähe.
qsfúr Verkürzung, Ermangelung, Verletzung.
qszát arab. Plur. v. *qazí*.
qstæjbǽ Eigenname.
qsτbs ·ldin Eigenname.
qsτr Gegend, Land.
qsττájs ·lτæríq arab. Plur. Strassenräuber.
qswwǽ(t) Kraft, Macht, Stärke.
æz qybál von Seiten.
qyjám Haltung, Stand. *q. nsmudán* wofür einstehen, durchführen.

qyjamát Auferstehung.
qyjús Mass, Ermessen, Schluss, Urtheil, Analogie, Regel.
qyladá Halsband.
qyrán Constellation.
qyrmýz (türk.) roth.
qysm Theil, Abschnitt, Gattung.
qysmát Loos, Geschick.
qyst Gerechtigkeit, Antheil, Rate.
qyſúf Vergeltung, Sühnung (jus talionis).
qyſſá Geschichte, Vorfall, Angelegenheit.
qyzláq Wintersitz, Winterlager.
qyтjá Stück, Bruchstück, Theil, Abschnitt.
qyтját ar. Pl. v. *qyтjá*.

r

rabýj d., d., d. Vierte.
raj Bergabhang, Garten.
rajýb anstrebend, begehrend.
rah Weg, Strasse.
rahbár) Wegweiser,
rahnsmáj) Führer.
rahýb Mönch, Einsiedler.
rahát Ruhe, Genuss, Seligkeit.
raj Radscha (ind. König).
ran: rand jagen, tummeln, treiben.
ran Hüfte.
rast wahr; -*í* Wahrheit; -*kár* rechthandelnd, rechtschaffen; -*χváh* rechtwollend, rechtschaffen.
raχá (indisch) Fürst.
raz Geheimniss.
razí zufrieden.
ræfát Milde.
ræúfsñ (arab.) mild.
ræj Ansicht, Gutdünken, Verstand.
ræjd Donner
ræjyjját Unterthan, Volk.

ræbb Herr.
rǽbbs 'ḣalæmin (arab.) Herr der Welten.
ræbíj Frühling.
rædd Zurückgabe, Zurückweisung.
ræfj Aufhebung, Beseitigung.
ræfíj hoch, erhaben; fein.
ræfíq Genosse, Freund.
ræftár Gang, Benehmen, Betragen.
ræftán v. √ræv.
ræg Ader.
ræγbǽt Wunsch, Begierde, Bereitwilligkeit.
ræh: ræst entwischen, frei werden.
ræhá frei, ledig.
ræhán: ræhaníd frei lassen, befreien.
ræhí Reisender; Sklave.
ræhím barmherzig.
ræhl Sattel, Geräthe; Rastplatz; y -yqamǽt Teppich des Aufenthaltes: -ændaχtǽn Halt machen, bleiben.
ræhmán s. ræhím.
rækakǽt Dünne, Geistesschwäche, Schwäche,
ræm: ræmíd scheu werden, fliehen.
ræmǽ Heerde.
rænγ Kummer, Leid.
rænγ: rænγíd zürnen, sich ärgern.
rænγán: rænγaníd leiden lassen, quälen.
rænγǽ bekümmert, leidend.
ræng Farbe.
ræqæbǽ Nacken.
ræqíb Späher; Nebenbuhler, Rival.
ræs: ræsíd gelangen, anlangen, eintreffen.
ræsán: ræsaníd gelangen lassen; zusenden.
ræsán Strick.
ræsm Vorschrift, Regel, Brauch.

rasúl Gesandte, Prophet;
-*s ·iláh* Gesandter
Gottes.
ræzk Neid.
ræzl Gewicht von zwei
Pfunden, Kilo.
ræv: ræft gehen.
rævnáq Glanz.
rævzán Fenster.
ræwá gang und gäbe,
angehend, erlaubt.
ræwán gehend, unter
Weges; Geist.
ræwýz Gang, Betragen,
Maxime.
ræχná Riss, Spalt.
ræχz: ræχzíd blinken,
strahlen, glänzen.
ræχt Gepäcke, Geräth;
-*y χvab* Bett.
ræʒá Hoffnung.
ræzm Kampf; -*gáh* Kampfplatz.
rig Sand.
riz Bart; Wunde.
riχtæn v. √*riz*.

riz: riχt werfen, schütten, vergiessen; fallen.
ruj Gesicht; Oberfläche; Art, Weise.
ru(j): rsst wachsen.
rubáh (rsbáh) Fuchs.
rud Fluss; -*χaná* Flussbett.
rum   } Griechenland.
rumíli }
ruma Rom.
rustá Dorf; Landmann.
ruzán hell, licht.
ruzænají Helligkeit.
ruz Tag.
ruzgár Zeit, Geschick, Welt; Wind.
ruzi tägliches Brod.
rshj Viertel.
rsbá(j): rsbúd rauben.
rsbají vierzeilige Strophe.
rsbáz (ryb.) Herberge.
rsʒhán Uebergewicht.
rsqjá Billet, Schriftstück.
rsstæn v. √*ru(j)*.

rsstængáh Wurzel (Ort des Wachsens).
rsχ Wange.
rsχsár Wange.
ryjnját Berücksichtigung, Beachtung.
rybqá Schlinge, Joch.
ryɀá s. *ræɀá*.
ryſq Milde, Geselligkeit, Leutseligkeit. -
rykáb Steigbügel; -*bæ*
rykáby u (Steigbügel an Steigbügel) an seiner Seite.
rynd Zecher, Wüstling, liederlicher Geselle.
ryng (ræng) Gemse.
ryqqát Rührung, zärtliche Bewegung.
ryqáb ar. Pl. v. *raqæbá*.
rysalá(t) Sendschreiben, Abhandlung, Broschüre; Gesandtschaft, Mission.
ryztá Faden.
rywaját Erzählung.

ryzq Nahrung, Unterhalt, Spende, Glücksgut.
rysá Einwilligung, Zufriedenheit.

s

sa(j): sud reiben.
sajá́t Stunde.
sají Eiferer, Denunziant, Intriguant.
sabýq d., d., d. Frühere.
sadá einfach, aufrichtig.
sahýl Ufer, Küste.
sahýr Zauberer.
sajýl bittend, Bittender.
sajýr d., d., d. Uebrige.
sakýn ruhend, wohnend.
sal Jahr; -*χværdá* bejahrt.
salyſá vorgängig, früher.
samaní Samanide.
samús Insel Samos.
san Sitte, Art, Weise.
sanýh hervortretend, vorkommend.

saz: *saχt* verfertigen, schaffen, machen.

saχtǽn v. √ *saz*.

sæjadát Glückseligkeit.

sæjíd Eigenname (Augustus).

sæjj Streben, Eifer, Fleiss.

sæháb Grund, Ursache; Mittel, Behelf.

sæbíl Weg, Weise, Mittel; *(ryb.)* Schnurrbart.

sæbú Butte, Gefäss.

sæbsk leicht, flink.

sæbsktægín Eigenname.

sæჳჳ Girren (der Tauben).

safár Reise, Feldzug.

saffáh Eigenname (Blutvergiesser, Hurer).

sæfíd (sæpíd) weiss.

sæg Hund; *-bán* Hundewärter.

sæhl, sæhýl leicht.

sæhmgín grimmig.

sæháb Wolke.

sæhár Morgen; *-gah* Morgenzeit.

sæjjúf Schwertfeger; Krieger.

sæjf Schwert.

sæjjáh Reisender.

sæjjýds ʼlısmærú arab. Phrase: Fürst der Fürsten.

sæjl Fluth, Ueberschwemmung, Rinnsal; *sæjl-áb* Strömung, Fluth.

sælám Friede; Gruss.

sælamát Heil, Gesundheit.

sælaτín ar. Pl. v. *ssltán*.

sæláf im voraus, vorhinein.

sælʒuqyjjá Seldschukiden (Dynastie).

salimí Harmlosigkeit, Arglosigkeit.

sállæm arab. Verbum: er lasse in Frieden sein.

saltænát Herrschaft.

sæmჳ Gehör.

sæmá Himmel.

sæmán Jasmin.

sæmærqánd Stadt Samarkand.
sæmt Richtung, Seite, Gegend, Art, Weise.
sæná Jahr.
sæng Stein.
sængín schwer, schwerfällig.
sæqf Dach.
sæqmunyjá Bitterwurzel.
sæqqá Wasserträger.
sær Kopf, Rand; Anfang, Ende; Oberhaupt.
særá(j) Palast, Haus.
særáb Quell; Quellsee, Teich; arab. Fatamorgana.
særænχám Schluss, schliesslich.
særaτán Krebs; Sternbild des Krebses.
særbsridá, jemand dem der Kopf abgeschnitten (ist).
særd kalt; -nafás kaltathmig, langweilig.

særdadán hinstellen, hinlegen.
særdsír Wintergegend.
særgardán kopfwenderisch, unstät.
særháng Oberst, Adjutant.
særír Thron.
særtæráz Kopfscheerer, Barbier.
særtíb General.
særw Cypresse.
særwærí Führerschaft.
sæwahýl arab. Plur. von sahýl Ufer.
sæwár (ssw.) beritten, reitend; -í Ritt.
sæτwát Angriffsmacht, Stärke, Gewalt.
saχá Grossmuth.
saχt hart, schwierig, sehr; -í Härte, Noth; -didá Noth erduldet habend.
sazá würdig; (verdiente) Strafe.
si dreissig.

sim Silber.
simáb Quecksilber.
simín silbern.
siná Brust, Busen.
sir satt; Knoblauch; *-i* das Sattsein.
sirúb getränkt, wasserreich.
sirát Wandel, Lebensart.
sifǽd dreihundert.
sijśm der, die, das Dreissigste.
siχ Spiess, Bratspiess.
su(j) Seite, Richtung.
sud Gewinn, Vortheil.
sudán v. √ *sa(j)*.
sumænát Land dieses Namens.
sur (Stadt-) Mauern.
surá Kapitel des Korans.
suχtán v. √ *suz*.
suz: suχt brennen.
ssál (ssıál) Frage.
ssalát arab. Plur. v. *ssál*.
ssbḥánæhs arab. Phrase: sein Lob (singen wir).
ssbḥánæ 'lláh arab. Phr.: Lob sei Gott.
ssddǽ Schwelle (Hof).
ssfrá Tafel, Tafeldecke.
ssknȧ Aufenthalt.
ssltán Herrscher.
ssm Huf.
ssmb: ssmbíd bohren.
ssmbśl Hyacinthe.
ssnnǽt Brauch, Lehre.
ssnní Sunnite.
ssrmá Augensalbe; *-dán* Salbentiegel.
ssrχ roth; golden (Münze).
ssst schwach, locker; *-ræıjí* Geistesschwäche, Stumpfsinn.
ssχán Wort, Rede; Ausflüchte; Vortrag.
sy drei.
sybáj ar. Plur. von *sæbsj* Löwe, wildes Thier.
sybíl ⎫
syblát ⎭ Schnurrbart.
syfíd (ssaf.) weiss.
syḥr Zauber.

syjáh schwarz; -*gúz* Unze (Thier); Schwarzohr.
syjúm Königreich Siam.
syjasǽt Politik, Strafe.
syjawáz Vater des Cyrus.
syjjśm der, die, das dritte.
sykká Präge, Münzhaus.
sylk Faden, Draht, Reihe.
sylsylá Kette, Reihe, Stammbaum.
symǽt Zeichen, Brandmaal.
synán Lanzenspitze, Speer.
synn Lebensalter.
sypáh Heer.
sypahí Soldat.
sypár: *sypśrd* übergeben, übermitteln.
sypás Lob, Preis.
syrýzk Thräne, Thränen.
syrýzt Mischung, Temperament; Charakter.
sytá(j): *sytúd* preisen, loben *(sst.)*.
sytán: *sytánd*, *sytád* und *sytád* nehmen, empfangen, wegnehmen.

sytará Stern.
sytǽm Druck, Misshandlung; -*didá* Druck gelitten habend; -*kár* Bedrücker; -*ræsidá* vom Druck heimgesucht.
sywśm s. *syjjśm*.

ʒ

ʒabýt feststehend, fest.
ʒalýʒ der, die, das Dritte.
ʒæbát } Festigkeit.
ʒæbát }
ʒsłʒ Drittel.
ʒæmǽn Preis, Werth.
ʒæmín kostbar.
ʒæná Lob, Preis.
ʒæwáb Heil, ewiger Lohn.
ʒśmmæ sodann, darauf.
ʒsj́úr arab. Plur. v. *ʒæjr* Grenzplatz, Festung.
ʒyjáb arab. Plur. von *ʒævb* Kleid, Gewand.
ʒyq ar. Imper.: vertraue!

ſ

ſadýq aufrichtig, wahrhaft.
ſahýb Herr, Besitzer; -dyl geistreich; -ſarmán Befehlshaber, Gebieter; -hsnǽr verdienstvoll; -naʒǽr (Herr des Blicks) einsichtsvoll, umsichtig; -rǣg (Besitzer von Ader, Muskel) sehnig, muskulös; -ʒǣmʒir (Herr vom Schwert) Krieger; -s 'lʒǽjʒ (Herr des Heeres) Heerführer.
ſajýb treffend.
ſayyqǽ Blitzstrahl.
ſǣbá Ostwind, Zephir.
ſǣbr Geduld.
ſǣd hundert.
ſǣdá Ruf, Schall, Echo.
ſǣdǣmát arab, Plur. von ſǣdǣmá (t) Stösse, Schläge.

ſǣdǣqát arab. Plur. v. ſǣdǣqǽ Almosen.
ſǣdr Brust; Ehrenplatz.
ſǣſá Reinheit, Lauterkeit, Freundschaft.
ſǣff Reihe, Schlachtreihe.
ſǣſſǽjn ar. Dual v. ſǣff: beide Schlachtreihen.
ſǣhíl Wiehern (Ross).
ſǣhíh wahr, recht, richtig, gewiss.
ſǣhrá Feld, Wüste.
ſǣjd Jagd.
ſǣlabát Härte, Grausamkeit.
ſǣláh Heil, Wohl.
ſǣlahyját Tauglichkeit.
ſǣlát Gebet, Segen.
ſǣllä 'lláhs jalájhy arab. Phrase: möge Gott Segen ergehen lassen über ihn.
ſǣrf s. syrf.
ſǣríh klar, deutlich.
ſǣvt Stimme.
ſǣwáb treffend, richtig.

ſuf Wolle, Wollkleid.
ſurǽt Gestalt, Bild, Gesicht; Art, Weise, Sachverhalt.
ſsbḣ Morgen.
ſsdáḣ Gackern (der Henne).
ſṡḣbắt Gesellschaft, Verkehr, Unterredung.
ſslæḣá arab. Plur. von *ſalýḣ* fromm.
ſydq Wahrheit, Aufrichtigkeit.
ſyfǽt Eigenschaft.
ſylǽ Geschenk.
ſynaӌǽt Kunst, Gewerbe.
ſyrf Anwendung.

z

zaӌýr Dichter.
zaſj): *zajýst* geziemen.
zahrsӽ Eigenname.
zad fröhlich, heiter.
zadmán fröhlich, freudig.
zaǵýrd Schüler, Jünger.
zah Schah; König; -*namǽ* Königsbuch; -*zadǽ* Königssohn.
zájæd vielleicht; s. *za(j)*.
zam Abend, Abendessen; Syrien, Damaskus.
zammǽ Spürkraft, Spürsinn. Geruchssinn.
zan (Pronominalsuffix): ihre, sie, jene (Plur.).
zanǽ Kamm; Schulter.
zánshs arab. Ausdruck: seine Würde *(zæm.)*.
zaw Eigenname.
zaӽ Zweig; Horn, Geweih.
zæb Nacht.
zæbáb Jugend.
zæbanǵáh Nachtzeit.
zæbíh ähnlich.
zæӽaӌǽt Muth, Tapferkeit.
zædíd stark, heftig.
zafaqǽt Mitleid, Wohlwollen.
zaſïj Fürsprecher.

'zæhúb (zyh.) Polarlicht.
zæhadát Zeugniss.
zæhd Honig.
zæhíd Blutzeuge, Märtyrer.
zæhr Stadt; arab. Monat; -i einheimisch.
zæhryjár Monarch.
zæhwét Sinneslust.
zæhná, zyhná Garnisonscommandant, Stadtvogt, Vogt; -jy zyndán Vogt des Gefängnisses.
zæj (zæjɪ) Sache, Ding.
zæjχ alter Herr, Scheich, Prior, Aeltester.
zæjtún Satan.
zæk(k)ár Zucker.
zækk, zæk Zweifel.
zækl Gestalt.
zæmzir Schwert.
zæniȷ hässlich, abscheulich, schändlich.
zænidán v. V zynáv.
zærúb Trank, Wein.
zærajýf ar. Pl. v. zærifá.

zærjáṅ arab. Ausdruck: nach dem Gesetze.
zærbát Trank, Getränk.
zærijáṫ das heilige (Koran-) Gesetz.
zærif edel, vornehm; f. -á Pl. zærajýf Edles, Treffliches.
zærih Gesetzausleger.
zærík Genosse, Theilhaber.
zærm Schaam.
zærq Osten.
zærr Uebel.
zærτ Bedingung, Satzung.
zæst, zæst sechzig.
zæz sechs.
zæτránχ das Schachspiel, -báz Schachspieler.
zæv: zsd und zud gehen; werden.
zævhár Gatte.
zævkát Macht, Majestät.
zævq Sehnsucht, Drang.
zæχf Person, Individuum.
zijá Schiiten (relig. Gegenpartei d. Sunniten).

zir Milch; Löwe; *-χaná* Löwenhaus;Menagerie.
zirin süss.
ziwá Art und Weise; Grazie, Coquetterie.
zu(j): zsst waschen.
zur salzig; unfruchtbar; Verwirrung, Wirrsal.
zsjáj (ar.Pl. *zyjáj*) Sonnenstrahl.
zsjærá arab. Plur. v. *zajýr* Dichter.
zsbán Hirte.
zsblí Eigenname.
zsʒaját Tapferkeit, Muth.
zsdǽn v. V *zæv*.
zsjl Geschäft, Arbeit.
zshúr arab. Plur. v. *zæhr* Monat.
zskr Dank; *-aná* Dankeszoll.
zskúf: zsksft blühen.
zskufá Blüthe.
zskúh Majestät.
zsmá ihr.
zsmár: zsmsrd zählen.

zsnját Abscheulichkeit, Hässlichkeit.
zsrb Trinken, Getränk.
zsrúj das sich Anschicken, Einlassen, Beginnen.
zsrúz arab. Plur. v. *zærz* Bedingung, Verpflichtung, Obliegenheit.
zsstán Infinitiv v. *zu(j)*.
zstsr Kameel.
zyjr Gedicht, Poesie, Vers.
zyddát Stärke, Heftigkeit.
zyfajál(zæf.) Fürsprache.
zygárf Wunderwerk.
zygýft: zygyftid sich wundern.
zyjár Zeichen, Abzeichen, Insignien, Bezeigung.
zykúf: zykáft spalten.
zykaját Klage.
zykár Jagd, Beute; *-gah* Jagdplatz.
zykám Bauch.
zykán: zykást brechen, zerbrechen.
zykufá s. *zskufá*.

ƶymali nördlich.
ƶynás: ƶynáχt kennen.
ƶynǽv: ƶynúd auch ƶynə́ſt und ƶænid hören, riechen.
ƶytáb Eile.
ƶytáb: ƶytáſt eilen.

ƶ

ƶalǽ Thau.
ƶæng Rost.
ƶarf tief; -í Tiefe.
ƶyján grimmig.

t

ta bis, zu, damit, auf dass; Falte; Stück.
tab Glanz; Kraft, Widerstandskraft.
tab: tabíd und taſt leuchten, glänzen.
tabǽ Platte, Bratrost.
tabút Bahre, Sarg.
tabýƶ Glanz, Strahl.

taƷ Krone.
taƷýr Kaufmann.
taftán v. √ tab.
tan: tanýst können, vermögen.
tar, tarík finster; -i Finsterniss.
tariχ Chronik, Datum, Zeitrechnung.
taχtán v. √ tuz.
taz: tuχt laufen, rennen; jagen, treiben.
taƶǽ frisch, neu; -gi Neuheit.
taƶí arabisch; Jagdhund.
taƶyjanǽ Peitsche, Geissel.
tæammsl Nachdenken, Ueberlegung.
tædíb Bestrafung.
tæƶír Einwirkung, Einfluss.
tæχír Aufschiebung, Verzögerung.
tæƶálà erhaben ist er (Gott).

6

tajaʒʒsb Verwunderung.
tajæddi Feindseligkeit.
tajællsq Abhängigkeit, Zusammenhang, Beziehung, Zuständigkeit.
tajærrss Opposition.
tajaffsb Parteilichkeit, Eifer, Fanatismus.
tajbir Auslegung, Deutung.
tajʒil Eile, Beeilung.
tajlim Abrichtung, Lehrung.
tajrif Beschreibung.
tæb Fieber.
tæbajsn Verschiedenheit, Unterschiedlichkeit.
tæbár, tæbr Axt.
tæbærrsk Beglückwünschung, Beglückwünschungsgeschenk.
tæbdil Wechsel, Austausch, Veränderung, Verkleidung.
tæʒawsz Ueberschreitung.

tæʒrybá Erprobung, Prüfung, Erfahrung.
tædbir kluger Rath, Klugheit, Vorkehrung.
tædqiq Präcisirung.
tædriʒ gradweises Vorgehen; *ba-* stufenweise.
tæfawst Unterschied, Verschiedenheit.
tæfæhhsf Nachforschung.
tæfækksr Nachdenken, Ueberlegung.
tæfæqqsd Erkundigung, Nachfrage.
tæffil Detailirung.
tæftiʒ Nachforschung.
tæfwis Uebertragung, Anvertrauung.
tæfʒil Bevorzugung.
tæŋajsr Verschiedenheit, Abweichung.
tæhi (tyhi) leer.
tæhlil das Halleluja.
tæhlyká Gefahr, Verderben.

tæhnyját Beglückwünschung.
tæhani ar. Pl. v. *tæhnyját*.
tæhyjját Gruss, Segnung.
tæhæmmsl Ertragung.
tæhſil Aneignung, Erwerbung, Eintreibung.
tajs Bock, Schöps.
tækæbbśr Stolz, Selbstgefühl, Majestät.
tækæfſśl Bürgschaft.
tækællśf Mühe; Ziererei, Umständlichkeit.
tækdir Trübung, Betrübung, Beleidigung.
tæklif Belästigung; Antrag, Einladung.
tækrár Wiederholung.
tækʒib das Lügenstrafen.
tælafi Ausgleichung, Begleichung, Abhilfe.
tæláf Verderben.
tæluqí Zusammenstoss.
tælætтśf gütiges Benehmen.
tælχ, -bár bitter.

tæmám vollständig, vollkommen.
tæmamát Vollständigkeit.
tæmazá Schau, Schauspiel.
tæmænná Bitte, Wunsch.
tæmbíh (tænbíh) Rüge, Zurechtweisung, ernste Lehre.
tæmjiz (u. *tæmiz*) Unterscheidung, Verstandesschärfe, Instinkt.
tæmʒil Gleichniss.
tæn Körper, Leib; Person.
tænasśl Fortpflanzung, Entstehung durch Fortpflanzung.
tæng eng, schmal.
tænhá allein, nur.
tænzid Gezwitscher.
tæqæbbśl Annahme, Erhörung, Erflehung; Pl. *tæqæbbslát*.
tæqǽddæs arab. Phrase: heilig ist er.
tæqæddśm Vorzug, Vorrang; Fortschritt.

tæqællsb Wechselfall, Veränderung.

tæqærrsb Annäherung, Vertraulichkeit.

tæqdím Vorausschickung, Voranstellung, den Vortritt lassen, Vorstellung; Ueberreichung; Geschenk.

tæqdír Verfügung, Schicksal; Schätzung.

tæqrír Darstellung, Bestätigung, Bericht.

tæqsím Vertheilung.

tæqsír Verstoss, Verschulden, Vergehen.

tæqwít Unterhalt geben.

tæqwyját Kräftigung.

tæráz: tærazíd schnitzen, scheeren.

tærænnsm Gesang, Klang.

tæræqqí Aufschwung,

tærbyját Erziehung, Heranbildung, Hebung.

tærẓíh Bevorzugung.

tærʒsmá Uebersetzung.

tærɣíb Aneiferung, Verleitung.

tærk Ablassung, Entlassung, Verlassung.

tærkíb Zusammensetzung.

tærs Furcht.

tærs: tærsíd fürchten.

tærsá Christ.

tærsán fürchtend.

tærsán: -íd schrecken.

tæsællsʈ Einflussnahme, Beherrschung.

tæsbíh Lobpreis, Gloria.

tæslím Uebergabe, Verabfolgung.

tæsxír Eroberung.

tæsadsf Zusammenstoss, Begegnung.

tæsærrsf Verfügung, Vollgewalt, Besitz.

tæsæwwsr Vorstellung.

tæsdíq Bekräftigung, Bestätigung.

tæswít Laute von sich geben.

tæzawwsq Sehnsucht.

tæzrifát Plur. von *tæzríf* Ehrenbezeugungen.

tazríh Anatomie, Zergliederung.

tazwíz Beunruhigung, Störung, Unpässlichkeit.

tæτbíq Uebereinstimmung, Anpassung.

tævbǽ Busse.

tævfíq Beistand, Erfolg.

tærfíf Beschreibung.

tæwalśd Erzeugung, Fortpflanzung.

tawán: tæwanýst können, vermögen; *-gǽr* reich, vermöglich; *-gærtærín* Superl. der Vermöglichste.

tæwaríχ ar. Pl. v. *taríχ*.

tæwassj Bescheidenheit, Herablassung.

tæwakksl Vertrauen.

tæwællśd Geburt, das geboren werden.

tæwæqqśj Gewärtigung, Bitte.

tæwæqqśf Verzug, Aufenthalt.

tæwassśτ Vermittlung, Mitwirkung.

taχællśf das Zurückbleiben.

taχællśf das Loskommen, Freiwerden; Aufrichtigkeit.

taχlíf Befreiung, Rettung.

taχlíτ Mischung; Verwirrung, Veruntreuung, Unterschleif.

tæχt Thron.

tæzajśd Vermehrung.

tir Schwert, Waffe.

tir Pfeil; *-dán* Köcher.

tirǽ finster, trüb, dunkel; *-gi* Finsterniss.

tíz scharf, jäh; *-i* Schärfe; *-χýzm* jähzornig.

tu(j) Falte; innen.

tumán (tsmán) Ducaten.

tuzǽ Proviant, Mundvorrath.

ts du.

tsჳჳár arab. Plur. v. *taჳýr* Kaufmann.
tshfá Geschenk.
tsnd jäh, scharf, barsch.
tsrk Türke, türkisch.
tsrkystán Land Turkestan.
tsrz sauer.
tswán s. *tæwán*.
tyhí (tæhí) leer.
tyzná durstig; *-gí* Durst.

τ

τajál arab. Plur. v. *τajǽt*,
τajǽt Gehorsam, Andacht.
τajýn Tadler, Schmäher.
τajyfá Schaar, Stamm, Nation, Secte, Zunft.
τalýj Geburtsstern.
τalýb verlangend.
τaqát Gewalt, Kraft, Widerstandskraft.
τæjám Speise, Mahl.
τæjn Uebelrede, Tadel, Schmähung.
τæbj Natur.

τæbæqá Schichte, Classe.
τæbijǽt Natur, Anlage; *-zynás* Naturkenner, Naturforscher.
τæbijí natürlich.
τæhíb Arzt.
τæhærát Reinheit.
τæjj Zusammenfaltung, Aufrollung, Zurücklegung des Weges.
τajr Vogel.
τaláb Begehr, Verlangen, Berufung.
τaláb: id fordern, verlangen, begehren.
τæmáj Habsucht, Gewinnsucht.
τærawát Frische, Grüne.
τæráb Lust, Ergötzen.
τæráf Seite, Gegend.
τaríq Weg, Pfad, Art.
τazt Waschbecken.
τacq Kette, Halsband.
τacr Art, Weise, Manier.
τæwíl lang, langgestreckt, vorgängig.

τul Länge, Dauer; -aní langwierig.
τur Berg Sinai.
τus Stadt Tus in Persien.
τutí Papagei.
τsmiá Speise, Nahrung, Futter, Köder.
τsfulyjját Kindheit.
τsrján Empörung, Aufstand.
τsjúr arab. Plur. v. τæjr.
τslúj Aufgang.
τsrfá sonderbar, merkwürdig (arab. Subst.).
τybajá Druckerkunst.
τyfl Kind.
τylá Gold.
τylýsm Talisman.

u

u(j) er, sie, es.
uft (sft): uftád fallen.
ulá die erste.
umíd (smíd) Hoffnung.
umidwár hoffnungsvoll.

ust = u æst er, sie, es ist.
ustád (sstád) Meister.
uτúq Zimmer, Gemach.

s

sft: sftád fallen.
slfát Vertraulichkeit, Zutraulichkeit.
sls 'lælbáb arab. Phr.: die Einsichtigen, Klugen.
smæjjá Stifter der Omajjaden-Dynastie.
smærá arab. Plur. von æmír Fürst, General.
sm(m)íd Hoffnung; -wár hoffnungsvoll.
smúr arab. Plur. v. æmr Angelegenheit.
sstád Meister.
sstsχcán Bein, Knochen.
sstswár fest, festvertrauend.
sztsr Kameel = zstsr.

w

wojýʒ Prediger.
waʒýb nothwendig, Pflicht.
wadí Thal.
wa-dyh: dad kundgeben.
wafýr zahlreich.
wahymǽ Furcht, Besorgniss, Einbildungskraft, Einbildung.
wamýq Eigenname.
waqýp liegend, vorliegend, thatsächlich, wirklich, Sachverhalt.
waqyjǽ Ereigniss, Vorfall; Traumgesicht.
waqýf kundig, verstehend.
warýʒ Erbe.
wasyτǽ Vermittlung, Grund, Folge, Behuf.
wafýl anlangend, zukommend, erreichend.
wawajláh ach und weh!
wasýh klar, deutlich.
wa (s) und.

wájædæ er hat versprochen (arab.).
wæjdǽ Versprechen.
wæjʒ Predigt.
wæbál Ungesundheit, Schaden, Strafe, Fluch.
wæʒh Gesicht; Art, Weise; Betrag, Summe; Raison, Grund.
wæfá Treue, Genüge.
wǽfa hat Treue gehalten.
wæfát Ableben, Tod.
wafq Uebereinstimmung.
wæhm Phantasie, Besorgniss; *-nák* furchtbar.
wæhháb Spender (Gott).
wæhdát Einheit.
wæhʒát Wildheit.
wæhʒí wild, ungezähmt.
wæj er, sie, es.
wáli aber, jedoch.
wæli Freund; *-nyjmát* Gnadenwalter, angestammter Herr.
wælíkyn aber, jedoch.

wá ʾllah bei Gott.
wæqf fromme Stiftung.
wæqt Zeit.
war (wagár) und wenn.
waræját ar. Pl. v. *wærǵá* Furchtsamkeit, Scrupel.
warz: wærzíd verrichten, üben, sich anstrengen.
wasǽt Mitte.
wæsij weit, ausgedehnt.
wæsilá(t) Mittel.
wafajá ar. Pl. v. *wa-fyjját*.
wæff Beschreibung, Anpreisung.
wæfí Vormund.
wafyjját letzter Wille, Testament, Vermächtniss, Auftrag.
wærán Heimath, Vaterland.
wazarát (wyz.) Ministeramt, Wesirat.
wazír Minister.
wazn Gewicht, Silbenmass.

wæzajýf ar. Pl. v. *wæzifá* Obliegenheit, Amt.
wsʒúd Existenz; *ba w.* trotz, wegen.
wślydæ wurde geboren.
wsqúj Vorfall, Eintreffen, Ereigniss.
wsrúd Eintreffen.
wszærá ar. Pl. v. *wæzír*.
wyʒdán das Finden.
wylaját Land, Provinz; ar. Pl. *wylaját*.

χ

χadým Diener.
χajýf fürchtend.
χak Erde, Staub.
χakystár Asche.
χal Schönheitsmaal.
χalá (mütterl.) Tante.
χali leer, frei.
χalýd Eigenname.
χalýf rein.
χamúz schweigend, still.
χan Herberge, Gasthaus.

χaná Haus; -gí häuslich (zum Hause gehörig).
χanqáh Kloster.
χaqán Titel der Herrscher von China etc.
χar Dorn.
χastán v. V χiz.
χaṣṣ eigenthümlich, echt; -s jamm Vornehm und Gering.
χaṣṣá (tán) insbesondere.
χaṣṣagí zum Hofe gehörig, Höfling.
χaṣṣyjját Eigenthümlichkeit, Besonderheit.
χazák Gestrüppe.
χatým Siegelring.
χaṯýr Gemüth, Sinn, -mszawwáz unruhigen Gemüths, besorgt.
χabár Nachricht, Kunde; -dár Kunde habend, benachrichtigt.
χabíz niedrig, gemein.
χaǧalát Scham, Beschämung.

χaǧýl beschämt.
χadám Dienerschaft.
χajál Phantasiegebilde, Einbildung, Traumbild, Bild.
χájli viel, sehr.
χajr gut; frommes Werk.
χajrát arab. Plur. v. χajr fromme Werke.
χalá Leere, Leerheit, Einsamkeit, das Freie.
χalajýq arab. Plur. von
χaliqá Geschöpfe.
χaláṣ Befreiung, Erlösung.
χalál Defect, Mangel, Schaden, Eintrag.
χalifá Chalife.
χalq Volk, Leute.
χalwát Ort der Zurückgezogenheit, engster Privatkreis; Cabinet.
χam krumm.
χand: χandíd lachen.
χar Esel.
χar: χaríd kaufen.

χaráb Verwüstung; öde, verwüstet, zerstört.
χaráʒ Tribut; -gsзár tributpflichtig.
χaráz: χarazíd kratzen.
χarbsıǽ Melone.
χarʒ Ausgabe, Auslage.
χarwár Eselsla-t, Last.
χaʁis niedrig, gemein.
χaspúz mit Gestrüpp bedeckt; Gestrüppe, Reisig.
χassát (χys.) Gemeinheit.
χastǽ müde, leidend, krank.
χafm Feind, Gegner.
χatm Schluss, Ende.
χaтú Vergehen, Verbrechen.
χaтár Gefahr; -nák gefahrdrohend.
χaтír bedeutend, beträchtlich.
χaтт Schrift, Schriftzug.
χavf Furcht, Angst; -nák von Furcht erfüllt.

χawáff die Edlen, Vertrauten; Eigenthümlichkeiten (Pl.v. χaffǽ).
χazajýn ar. Pl. v. χazinǽ.
χazán Herbst.
χazinǽ Schatzkammer; -jy bǽjts ·lmál arab. Ausdruck: Aerar, Fiscus, Schatzhaus.
χirǽ verblüfft.
χiz: χast sich erheben, aufstehen.
χub schön, gut; -rúj von schönem Gesicht.
χu(j) Naturell, Temperament, Laune.
χun Blut; -bahá Blutpreis; -riz Blutvergiesser; -rizí das Blutvergiessen.
χuní blutig; Mörder.
χuzǽ Aehre.
χsʒastǽ glücklich, günstig.
χsdá (j) Gott; -jygán, χsdawǽnd, -wænd-

ǵár Herr, Herrscher, Gott.
χsdájy rast der gerechte Gott.
χsddám ar. Pl. v. χadým.
χsft v. χvab; χsftá schlafend; χsftid schlafen.
χsftán v. V χvab.
χslafá Auszug, Quintessenz.
χslæfá ar. Pl. v. χælifá.
χsld Ewigkeit; Paradies.
χslqát Schöpfung; u. χslq Anlagen, Charakter.
χsm Krug; -χaná (Krughaus) Keller.
χsnsk kühl.
χsrd, χsrdá klein.
χsrdæbín das Kleinste sehend, umsichtig.
χsrræm froh, freudig.
χsrtúm Rüssel.
χsrúz Geschrei, Lärm.
χssráv Kosroes, Monarch.
χsfúfaǹ (fa) ar. Adverb.: insbesondere.

χszk trocken, dürr.
χvab Schlaf, Traum.
χvab V zu χvabíd und χsft schlafen.
χvaẓá Herr, gnädiger Herr, Meister.
χvah: χvast wollen, wünschen, begehren.
χvahár Schwester; -zadá Schwesterkind.
χvan: χvand lesen, rufen, singen.
χvan Tisch, Tischtuch.
χvar verachtet, elend.
χvastán v. V χvah.
χvæd selbst; sich.
χvær Sonne.
χvar: χvard essen, trinken.
χvarák Speise, Nahrung.
χvarasán Provinz Chorasan in Persien.
χvarzíd Sonne.
χvaz angenehm, schön; -dýl frohen Herzens;

-ḣál froher Laune; -gswár von gutem Geschmack; -ráng von schöner Farbe; -tærkíb von schönem Gliederbau; -ṭáby von angenehmer Natur, gutgelaunt; -χúj von angenehmem Temperamente.
χvæẕmúd zufrieden.
χviẕ Verwandter; selbst.
χviẕtán selbst.
χydmát Dienst.
χydmætgár Diener.
χyffát Leichtigkeit, Leichtfertigkeit.
χyjanát Verrath, Veruntreuung, Unterschleif.
χyláf entgegen, zuwider.
χylafát Chalifat.
χylḣát Ehrenkleid.
χylqát Schöpfung; äussere Gestalt.
χyng weissgrau; Schimmel (Pferd).

χyrám: χyramíd einherschreiten.
χyræd Klugheit, Verstand; -mænd klug.
χyrmæn Ernte; Garbe.
χyrqǽ Lumpen; Kutte.
χyzm Zorn; -gín, -nák zornentbrannt, zornig.
χyẕáb Anrede.
χyττǽ Bezirk.
χyzaná Schatzkammer.
χysr der Prophet Elias.

y

yṭẕáb Verwunderung.
yṭlám Bekanntgabe, Benachrichtigung.
yṭlymád Vertrauen.
yṭlyqád Meinung, Ueberzeugung.
yṭlyráf Bekenntniss, Geständniss.
ybn Sohn.
ybrahím Abraham.
ybtydá Anfang, Beginn.

yȷazát Erlaubniss; Verabschiedung.
yȷtymáȷ Versammlung.
yȷtynáb Enthaltung.
ydbár Rückgang,Unglück.
ydrár Pension.
yfadá Benachrichtigung, Belehrung.
yflás Armuth, Bankerott.
yflaτún Platon.
yftyrá Verleumdung.
yȷráq Untertauchung; Uebertreibung.
yhanát Geringschätzung, Beleidigung.
yhtymám Streben, Eifer.
yhsán Wohlthätigkeit.
yhfá Zusammenzählung.
yhtyjáȷ Nothwendigkeit, Bedürfniss.
yhtyjáτ) *yhtyráz*) Vorsicht.
yhȷár das Herbeiholen, Herschaffen.
yksír Elixir.
yláhí göttlich.

ýlla sonst, wo nicht,
yltyȷá Zufluchtnahme.
yltyfát Rücksicht, Berücksichtigung, Gnade.
yltymás Bitte.
ymám geistlicher Führer, Vorbeter; Titel der Chalifen.
ymamát Würde des Imâm; geistliche Exhortation.
ympæraτurí kaiserlich.
ymrúz heute.
ymsák Enthaltung.Beginn des Fastens.
ymsál heuer.
ymzáb heute Nachts.
ymtydád Ausdehnung, Erstreckung, Dauer.
ymtyhán Prüfung, Erprobung.
ymtynáȷ Hinderung, Weigerung.
ynȷám Gnade, Geschenk, Belohnung.
ynfyȷál Verlegenheit, Beschämung.

yngyrizí englisch.
ynkár Leugnung.
ýnna (ýnnæhs) (arab.) wahrlich wir (er, es).
ynqytáj abgeschnitten sein, Unterbrechung, Abschluss.
ynsán Mensch.
ynsúf Billigkeit, Gerechtigkeit.
yntyfáj Nutzniessung.
yntyhá Ende.
yntyqál Wechsel, Uebergang; Umzug.
yntyqám Rache.
yntyχáb Auswahl, Wahl.
yntyʒám Ordnung, Gesetzlichkeit, Verwaltung.
yntyʒár Erwartung, Gewärtigung.
ynτyháj das gedruckt werden.
yqamát Aufenthalt.
yqbál Glück.
yqlím Zone, Welttheil, Region, Provinz.

yqrár Geständniss.
yqtydá Nacheiferung, Befolgung.
yradá Wille, Vorsatz.
yrtyfáj Höhe.
yskát Dämpfung, Stillung.
yskændár Alexander.
yslám Islam.
ysm Name.
ysmajíl Eigenname.
ysráf Verschwendung.
ystifá Erfüllung.
ystilá Ueberwältigung, Sieg; Besitzergreifung, Occupation.
ystyjanát Bitte um Hilfe.
ystyjdád Bereitschaft, Befähigung.
ystyfsár Befragung.
ystyhkám Befestigung.
ystyhqáq Anspruch, Würdigkeit.
ystymáj Anhörung.
ystymdád Bitte um Hilfe.
ystyqamát Bestand, Gradheit, Redlichkeit.

ystyqbál Einholung, Empfangsfeier; Zukunft.
ystyqlál Unabhängigkeit, unbeschränkte Gewalt.
ystyqrár Feststellung.
ystyraḥát Ruhe, Musse.
ystyrdád Rückstellung, Zurückgabe, Rückforderung.
ystyſwáb Billigung.
ystytaját Kraft, Vermögen.
yʒná -jatæri der zwölf Imame annimmt.
yſabát treffendes Urtheil.
yſtynáj Veranstaltung; Kunstübung; Gunst.
ytarát Wink, Weisung.
ytyrál Beschäftigung.
ytkál Schwierigkeit.
ytyhá Esslust.
ytmám Beendigung.
yttyfáq Zufall; Vereinbarung; *-án* zufällig.
yttyſúf Beeigenschaftigung, Qualificirung.

ytajá́t Gehorsam.
ytfá Stillung, Dämpfung.
yχráʒ Ausgabe, Kosten.
yχtyláf Verschiedenheit, Abweichung, Unterschiedlichkeit.
yχtyráj Erfindung.
yχtyſár Abkürzung.
yχtyſúf näheres Vertrauen, Gunst.
ýʒa arab. Partikel: wenn.

Z

za(j): *zad* und *zajid* gebären, geboren werden.
zanú Knie.
zari Weinen, Wehklagen.
zæbán Zunge, Sprache; *-awæri* Rede.
zæbún schwach, hinfällig, Sklave.
zaʒr Schelte, Härte.
zædǽn v. √ *zan*.
zafir Geschrei des Esels.
zæhr Gift.

zæhráb Giftwasser, Thränen, Leidenskelch.
zahmát Mühsal, Belästigung.
zæjd Eigenname.
zællát Fehltritt.
zælzælá Erdbeben.
zæmán Zeit.
zæmbúr (zænbúr) Biene.
zæmín Erde, Land.
zæmystán Winter.
zæn Frau.
zæn : zæd schlagen.
zænadyqá arab. Plur. von *zændíq*.
zænʒír Kette.
zændíq Ketzer.
zængí Neger; Zigeuner.
zær (r) Gold; *-in* golden.
zærd gelb, blass.
zærdrú von gelber Gesichtsfarbe.
zævráq Kahn, Nachen.
zæχm Wunde, Schlag.
zi : zíst leben.

zib Zier, Schmuck, Schönheit.
zin Sattel.
zinát Schmuck.
zinhár gib acht! Obacht!
zir unter, unterhalb.
zirá weil.
zirák klug, findig.
zirdǽst unterthan, untergeben.
ziwár Schmuck, Zierde.
zud schnell, rasch, bald.
zudí Schnelligkeit, Raschheit, Bälde.
zur Kraft, Gewalt.
zsbdá(t) Auswahl, Crème.
zshd Enthaltsamkeit, Frömmigkeit.
zslf Locke.
zy von, aus (= *æz*).
zyır Gebrüll (*zæır*).
zýhi ach! oh! wie schön!
zyjád mehr; zu viel, sehr viel.
zyján Schaden; *-didá* der Schaden gehabt hat.

zyjarát Besuch; Wallfahrt, Pilgerfahrt.
zyndán Kerker, Gefängniss; *-y qaʒí* Civilarrest, Criminalhaft, Schuldenarrest.
zyndá lebend.
zyndægani ⎫
zyndægi ⎭ Leben.
zynhár s. *ʒinhár*.
zyraját Landbau.
zyzt hässlich; *-i* Hässlichkeit.

ʒ

ʒálykæ arab. Pronomen: jenes, dieses.
ʒat Wesen, Person.
ʒæqán Kinn, Kinnbart.
ʒæxiræzí Proviantmeister, Handlanger.
ʒu Besitzer, Herr; *ʒs 'ĺnún* Eigenname; *ʒs 'lqærnáju* Herr der beiden Hörner (der beiden Zeitalter), der Zweigehörnte = Alexander der Grosse.
ʒsbáb Mücke.
ʒsll Schmach, Niedrigkeit.
ʒsrryjjá Nachkommenschaft, Generation.
ʒyhn Verstand, Einsicht.
ʒykr Erwähnung.
ʒýkrshs arab. Phr.: seine Erwähnung (s. Name).
ʒyllát s. *ʒsll*.

ʒ

ʒæjif schwach; *-s 'lʒʒaʒá* schwach von Körper.
ʒajýj verloren, verkümmert, verdorben.
ʒamýn Bürge.
ʒæmír Gemüth, Herz.
ʒæráɾ Schade, Nachtheil.
ʒærráb Münzenpräger.
ʒarb Schlag.
ʒærúr nothwendig; *-æt* Nothwendigkeit.

ʒṣjæfú Plur. von ṣæjíf.
ṣymn Inhalt.

ʒ

ʒahýr ersichtlich; -áñ
arab. Adverbialform:
sichtlich.

ʒalým Tyrann, Bedrücker;
verletzend, abstossend.
ʒænn Meinung Ansicht.
ʒæríf zierlich; witzig.
ʒærifǽ Pl. zærajýf Witz-
wort, Scherz.
ʒslm Druck, Tyrannei.
ʒslmǽt Finsterniss.